6.80

ANNI SPIEGL

LEBEN UND STERBEN DER THERESE NEUMANN VON KONNERSREUTH

Nicht wollen wir trauern, daß wir sie verloren haben, sondern wir wollen dankbar sein dafür, daß wir sie gehabt haben, ja noch besitzen, denn alles lebt für Gott und was immer heimkehrt zum Herrn, bleibt in der Gemeinschaft der Familie und ist uns vorausgegangen.

Hieronymus

ANNI SPIEGL

LEBEN UND STERBEN DER THERESE NEUMANN VON KONNERSREUTH

MIRIAM-VERLAG

Im Gehorsam gegen die Dekrete des Papstes Urban VIII. erklären wir, daß den geschilderten Vorgängen keine andere als menschliche Glaubwürdigkeit zugesprochen werden kann, solange die Kirche hierüber nicht entschieden hat.

Imprimatur:
Eystadii, die 23. 12. 1963, Joseph Heindl, Vic. Gen.

Kurztitelaufnahme der Deutschen Bibliothek
Spiegl, Anni
Leben und Sterben der Therese Neumann von Konnersreuth
12. Auflage
Jestetten: Miriam-Verlag, 1993
ISBN 3-87449-038-6

Zwölfte Auflage 1993

Druck: Miriam-Verlag, D-79798 Jestetten
Printed in Germany
ISBN 3-87449-038-6

INHALTSVERZEICHNIS

VORWORT

Nach dem Tod der Resl wurde ich gebeten, meine Erlebnisse mit ihr wahrheitsgetreu niederzuschreiben für einen eventuellen Seligsprechungsprozeß. Die Erlebnisse aber aus ihrem Zusammenhang gerissen, ergaben kein klares Bild von ihr. So habe ich auch das politische Zeitgeschehen geschildert, in dem Resl gelebt und für das sie gelitten und gesühnt hat. Auch von ihren Eltern und Mitmenschen einiges zu berichten schien mir nötig, um Resl besser verstehen zu können.

So wurde ungewollt aus einem Bericht eine kleine Lebensbeschreibung, die auf vielseitigen Wunsch veröffentlicht werden soll.

Seien Sie bitte nicht ungehalten über Mängel in Stil und Sprache, ich bin keine Schriftstellerin. Dafür kann ich Ihnen bezeugen, daß das, was Sie in diesem Büchlein lesen, Wahrheit ist.

• • •

Mit diesem kurzen Vorwort habe ich am Jahrtag von Resls Tod etwas bangen Herzens mein „Resl-Büchlein" auf die Reise geschickt. Wie wird es aufgenommen werden? Wie wird es ankommen? Ich habe so viele dankbare und aufmunternde Zuschriften bekommen, daß ich nun ohne Zögern die dritte Auflage herausgebe. Weder in der Aufmachung noch im Inhalt und Preis soll das Büchlein eine wesentliche Änderung erfahren, ein paar Bilder mögen den kleinen Band vervollständigen. Einen kurzen Bericht möchte ich anfügen über den großen Tag der Einweihung des Anbetungsklosters, der zugleich als Sühne- und Anbetungstag der Diözese Regensburg gedacht war.

Es war nebelig und kalt, als wir früh 7 Uhr nach Konnersreuth kamen. Die Einfahrt zum Markt war durch die Polizei abgeriegelt. Felder und Wiesen wurden zum großen Parkplatz. Konnersreuth mußte schon früher, besonders zur Fastenzeit und an den Karfreitagen, mit tausenden von Besuchern fertig werden. Doch was sich am 22. September 1963 ereignen sollte, hat alles frühere in den Schatten gestellt. Über 40 000 Gläubige folgten dem Aufruf ihres Diözesanbischofs Dr. Rudolf Graber, zum Sühne- und Gebetstag nach Konnersreuth zu kommen. Konnersreuth war festlich geschmückt und in froher Erwartung. Selbst das Wetter hatte sich eines Besseren besonnen. Nach trüben Morgenstunden brach die Sonne durch, erwärmte und erfreute Veranstalter und Teilnehmer, denn die Gottesdienste wie auch die großangelegte Festpredigt von Bischof Dr. Graber fanden im Freien statt.

Sechs Bischöfe, darunter drei aus den Missionen, gaben diesem Tag einen weltweiten Charakter. Der Bischof von Fatima sprach über das übernatürliche Zusammenwirken von Fatima und Konnersreuth und dessen Bedeutung für unsere Zeit. Zur gleichen Stunde, als vor einem Jahr das Begräbnis von Resl stattfand, weihte Bischof Dr. Graber ihr Anbetungskloster ein. Ein Wunder nannte er es, daß dieses herrliche Werk in so kurzer Zeit erstehen konnte. Am 18. April 1963 wurde der Grundstein gelegt und schon nach etlichen Monaten konnten neun Marienschwestern vom Karmel ins fertige Kloster einziehen. Mit ihnen auch Laien, die ihren Lebensabend im Dienen und in der ewigen Anbetung beschließen wollen. Zum erstenmal also sollen Ordensfrauen und Laien sich gemeinsam in der schönen Kapelle zur ewigen Anbetung verpflichten.

Der ganze Ort wurde an diesem Tag zum großen Gotteshaus. Eine gut funktionierende Lautsprecheranlage ermöglichte den Tausenden eine direkte Mitfeier der gemeinsamen Gottesdienste. Ebenso wurde der gemeinsam gebetete Rosenkranz den Zehntausenden am Nachmittag zum Erlebnis. Eine eigenartige Weihe, Sammlung und stille Freude lag über diesen großen Anbetungs- und Sühnetag.

Ein Grußtelegramm von Kardinal Bea gab Zeugnis von der großen Bedeutung dieses Tages.

Das Grab der Resl war bis in die späten Abendstunden von einer betenden Menschenmenge belagert. Wahrhaftig, das Weizenkorn, das sterben und begraben werden mußte, fängt an, neues Leben und reiche Frucht zu bringen . . .

Eichstätt, Ostern 1964

Anni Spiegl

Die letzten Tage der Resl in Eichstätt

Eichstätt war für Resl eine zweite Heimat, im Wutzhaus in der Römerstraße wohnte sie. Nach dem Tod ihrer Schwester Ottilie wurde das Wutzhaus Ende 1961 verkauft. Resl wollte gleich nach der Fastenzeit 1962 kommen, um das Haus zu räumen. Eine längere Krankheit verhinderte dies. So hat sie sich mit mir geeinigt, während meiner Betriebsruhe vom 6. bis 20. August 1962 die Räumung des Wutzhauses vorzunehmen.

Am Sonntag, den 5. August, nachmittags 5 Uhr, kam Resl nach Eichstätt. Sie hatte mich vorher angerufen, damit ich im Hause bin, wenn sie eintrifft. Ich glaubte, daß nun schwere Tage für uns kommen würden, denn viele schöne Erinnerungen und Erlebnisse sind für Resl mit Eichstätt und dem Wutzhaus verknüpft. Ich wußte, wie sehr sie daran hing. Doch es kam anders. Gleich nach ihrer Ankunft weihte mich Resl in ihre neuen Pläne ein. Sie beabsichtigte, in Konnersreuth ein Anbetungskloster zu bauen. Der Plan ging vom Hochwürdigsten Herrn Bischof von Regensburg, Dr. Rudolf Graber, aus. Er schrieb Resl einmal unter anderem, sie solle in folgender Angelegenheit beten: Er wünsche sich in seiner Diözese ein Anbetungskloster. Dort solle hauptsächlich für die Sorgen und Nöte seiner Diözese gebetet werden. Resl griff diesen Plan sofort auf. Als ihr kurz darauf ein Hof mit Baugrund angeboten, ja zu diesem Zweck vermacht wurde, war ihr klar, das Kloster müsse in Konnersreuth gebaut werden. Sie fuhr sofort zu Hochw. Herrn Bischof Dr. Graber. Er war damit einverstanden. Nun ging es an die Wahl des Ordens für das Kloster. Das verursachte Schwierigkeiten. Da dachte Resl an die Karmelitinnen in Regensburg (es sind Marienschwestern von Karmel). Ob die Kleine heilige Theresia, die auch Karmelitin war, mithalf? Resl besprach sich mit der Oberin. Fünf Schwestern wurden ihr zum Beginn versprochen. So benötigte Resl Kapelle und Möbel des Wutzhauses für das neue Anbetungskloster. Sie war so beseelt und begeistert von ihrem neuen Plan, daß sie gar keinen Schmerz empfand, ihre Zelte in Eichstätt abzubrechen. Schon am nächsten Tag, nach der heiligen Messe in der Kapuzinerkirche begannen wir mit der Arbeit. Es halfen ihre Nichte Maria Pflaum, ihr Bruder Ferdl, ein Kapuzinerkleriker und ich. In ihrer gewohnten gründlichen Art verlangte sie, daß alles gereinigt und dann ordnungsgemäß verpackt wurde. Sie war in bester Laune und schaffte von früh bis abends fleißig mit.

In dreißig Jahren sammelt sich viel an, was einen Transport nicht mehr wert ist. Wir machten im Hof ein Feuer, um Wertloses zu verbrennen. Nun war Resl in ihrem Element. Sie schleppte nur so herbei und sortierte. Eine kleine Episode möchte ich hier erzählen, welche Resls innerste Einstellung kennzeichnet. Als der Brandhaufen sehr groß war und ich gerade obenauf ein altes Kissen warf, sagte ich zu ihr: „Du Resl, das wäre jetzt ein schöner Sitz für einen Martyrertod! Was würdest du nun tun, wenn du auf den Scheiterhaufen müßtest?" Da sagte sie sehr bestimmt: „Wenn es der Heiland will, für ihn sofort. Ich würde sagen: «Heiland, mit Dir!» und spränge hinein." Ihre Augen leuchteten dabei. Das hat mich sehr beeindruckt!

Wir waren alle sehr fleißig und guter Dinge. Am Freitag, den 10. August um 14 Uhr kamen Möbelwagen und die Pakker. Resl verstand sich ganz prächtig mit ihnen. Mit einem handelte sie sofort Tauben. Sie sorgte für Bier, Brotzeit und Zigaretten. Wir mußten dann das Haus noch von oben bis unten reinigen. Um 17 Uhr waren wir fertig. Resl wollte nun noch für sich allein sein. Abends um 8 Uhr ließ ich sie in meine Wohnung holen. Sie war noch nie bei mir; wenn sie nach Eichstätt kam, war ich im Wutzhaus. So hat sich ein Besuch bei mir nie ergeben. Als wir ausräumten, sagte sie zu mir: „Nun komme ich nicht mehr nach Eichstätt, dafür mußt du nun öfters nach Konnersreuth kommen!" Jetzt sah sie mein kleines, nettes Heim, besonders ein Zimmer, das ich für sie richtete, hatte es ihr angetan. Sie freute sich wie ein Kind. „Jetzt hab ich wieder ein Heim in Eichstätt! Das wird nun meine liebe, kleine Klause!" Ich war glücklich, daß es ihr so gut bei mir gefiel. Es sollten ihre letzten schönen Tage werden.

Der nächste Tag galt ausschließlich den Besuchen. Wir fuhren um 7.30 Uhr zur heiligen Messe in die Kapuzinerkirche Anschließend bedankte sie sich bei Hochw. Herrn Pater Guardian für die Hilfe beim Umzug. Dann besuchte sie eine Gärtnerei und besprach sich über eine Neubepflanzung des Wutzgrabes. Sie kam erst gegen Mittag nach Hause. Nachmittags 2 Uhr machten wir Besuch im Kloster St. Walburg, erst in der Haushaltungsschule bei ihrer Nichte Helene Dietz. Sogleich war sie von den gesamten Schülerinnen umringt. Es war großartig, wie schnell sich Resl mit den jungen Mädchen verstand, wie interessant und belehrend sie sich mit ihnen unterhielt. Am Schluß gab sie jeder noch ein unterschriebenes Bildchen. Hernach machten wir Besuch im Kloster. Im Sprechzimmer traf sie ihre Nichte Theres, jetzt Frau Martha. Wir blieben hier länger als vorgesehen, die Klosterfrauen wollten alle Resl sprechen und, was verständlich ist, sie möglichst lange festhalten. Im Bischofspalais wollte sie auch noch Besuch machen, es war aber schon spät und Resl fühlte sich sehr müde, sie drängte heim. Ich merkte, daß sie nicht mehr in der Verfassung war, noch Besuche zu machen. So sagte ich zu ihr: „Jetzt fahren wir in unser Waldhaus, dort kannst du dich richtig ausruhen." Es ist mit dem Auto in 20 Minuten zu erreichen. Es liegt mitten in einer schönen Waldwiese, von einem herrlichen Hochwald umgeben. Resls Müdigkeit war weg. Ihre Freude war groß über das reizende Häuschen, den schönen Wald, die Vögel und Fasanen. Wir saßen lange auf der Veranda und machten dann einen ausgiebigen Spaziergang durch verschlungene Waldwege. Der Sonnenuntergang und das Gebetläuten der umliegenden Dörfer, alles war so friedlich! Resl dachte nicht ans Heimfahren. Der Mond war schon längst aufgegangen, die Grillen zirpten. Sie zitierte ein Gedicht aus ihrer Schulzeit: Die Grille! Es könnte vom heiligen Franziskus stammen. Nachts 10 Uhr kam dann mein Schwager von der Jagd. Er brachte zwei entlaufene Hunde mit. „Das sind Spaniel", rief Resl. Ihre Begeisterung für die schönen, gepflegten Tiere kannte keine Grenzen. Sie waren gleich zutraulich zu ihr. Nach 11 Uhr fuhren wir heim. Natur und Tiere, das ist die Welt, in der sie sich glücklich fühlte. Das habe ich an diesem Tag so recht empfunden. Was mag Resl zusätzlich in diesen 35 Jahren gelitten haben, in der sie der Öffentlichkeit preisgegeben war und sich den Menschen nicht entziehen durfte.

Am nächsten Tag war das Fest der heiligen Klara, der Drittordensnamenstag der Resl. Als sie ins Bad ging, deckte ich schnell ihr Namenstagstischchen, eine brennende Kerze darauf und stellte es in ihr Zimmer. Diese kindliche Freude über die kleinen Geschenke! Ich sehe sie heute noch vor mir, im weißen langen Nachthemd, mit der herzlichen, inneren Freude in den Augen. Um 7 Uhr besuchten wir nebenan in der Mariahilf-Kapelle die heilige Messe. Resl war sofort daheim in diesem trauten Kirchlein. In der Sakristei hatte sie ihren Platz, ganz nahe dem Altar. Die Morgensonne schien hell zu den Fenstern herein und das Bächlein, das durch die Kirche fließt, plätscherte. „Das wird nun meine Kirche hier in Eichstätt", sagte sie nachher zu mir, „und wenn ich wiederkomme, bringe ich schöne Altarwäsche mit."

Es wurde ein schöner Tag zum Ausruhen. Resl empfing etliche Besuche. Zum Mittagessen hatte ich liebe Gäste geladen. Um 15 Uhr fuhr sie nochmals ins Wutzhaus, um empfindliche Bilder und Statuen ins Auto zu packen. Dann ging sie, wie abschiednehmend ein letztes Mal durch alle Räume des Hauses. Sie sagte zu mir: „Jetzt ist mir gar nicht mehr schwer; hab' immer geglaubt, ich könnte nur in der Ostenstraße wohnen, nun hab' ich in der Westen ein liebes Heim gefunden. Bald komme ich mit Herrn Pfarrer Naber wieder. Erst aber wird noch fest gearbeitet. Morgen kommt der Möbelwagen in Konnersreuth an. Da muß ich fleißig sein, bis alles an Ort und Stelle ist." Zum Abschied gab sie mir zum Andenken an das Wutz-Haus das Kreuz aus ihrem Zimmer, ihr Nachttischlämpchen und aus der Kapelle ein Relief „Rosenkranzkönigin". Meine Freude darüber war groß. Es hängt jetzt in dem Zimmer, das Resl bei mir bewohnte.

Am 27. August teilte sie mir in einem Brief mit, daß sie mit Herrn Pfarrer am 1. September 1962 zu mir kommen werde. Sie wolle dann am Sonntag nach Weingarten weiterfahren. Am Samstag, den 1. September, konnte ich dann meine lieben Gäste empfangen. Herr Pfarrer war mit seinen 92 Jahren noch recht rüstig und unternehmungslustig. Die Reise hatte ihn nicht angestrengt. Resl hatte eine Stunde nach ihrer Ankunft eine kleine Herzattacke. Ich konnte ihr nichts geben, Herztropfen und andere Medizin kann sie nicht einnehmen. So konnte ich sie nur mit Kölnisch Wasser einreiben. Es besserte sich ihr Befinden bald wieder. Da Resl selten ohne Schmerzen war, nahm ich diese Unpäßlichkeit nicht tragisch. Wir saßen bis nachts 11 Uhr recht gemütlich beisammen. Sie überließ Herrn Pfarrer ihre kleine „Klause". Er fühlte sich sehr geborgen darin. Für Resl hatte ich ein Zimmer nebenan gerichtet. Sie ist bald eingeschlafen. Außer Kopfschmerzen fühlte sie sich am anderen Tag ausgeruht und wohl. Für die Mariahilfkirche hatte sie schöne Altarwäsche mitgebracht. Montag früh 8 Uhr feierte dort Herr Pfarrer Naber die heilige Messe. Resl und ich waren wieder in der Sakristei. Anschließend fanden wir uns im kleinen Kreis zum Kaffee zusammen. Mit aller Liebenswürdigkeit bediente sie Herrn Pfarrer und ihre Freunde. Von meiner Wohnung aus gelangt man durch eine Hintertür zum Kapellenbuck, die Häuser sind hier wie hingeklebt an die Jurafelsen. Ein frisches Bächlein plätschert, überall blühten gerade die Blumen. Da gefiel es Herrn Pfarrer und Resl. Vormittags empfing sie noch etliche Besuche, darunter auch Mater Oberin Augustine Rösch IBMV, eine Schwester des verstorbenen Jesuitenpaters August Rösch. Ihr sagte Resl, daß ihr Bruder ein Martyrer war und schon im Himmel ist.

Resls Hauptthema war wieder ihr Klosterbau. „Jetzt möchte ich 14 Tage in Eichstätt bleiben und ausruhen, aber der Klosterbau drängt!" Sie hatte Angst vor der weiten Fahrt. Ich drängte zu einem Mittagsschläfchen. Ausgeruht und guter Dinge fuhren meine Gäste nachmittags weiter nach Weingarten. Am 8. September erwartete ich sie zurück. Statt dessen kam ein Anruf von dort: „Wer hat, der hat: Wir behalten unsere Gäste einen Tag länger." — „Gut, ich mache es dann ebenso." Am Sonntag, den 9. September, nachmittags kamen sie zurück, gut erholt und in strahlender Laune. Resl brachte ein weißes Täubchen mit. Es war von Hochw. Herrn Bischof von Fatima. Es bekam ein Plätzchen im Bad, Futter und frisches Wasser. Ihm galt ihre ganze Sorge. Ich kenne nun Resl schon dreißig Jahre, doch selten habe ich sie so freudig und glücklich gesehen. Sie konnte gar nicht genug erzählen, wie schön es war. An ein Zubettgehen dachte an diesem Abend niemand. Herr Pfarrer zog sich in seine „Klause“ zurück, um sein Brevier zu beten. Um 12 Uhr schickte ich auch Resl schlafen. Sie rief mich nochmals in ihr Zimmer: „Setz dich noch ein bißchen her zu mir, schlafen kannst wieder, wenn ich fort bin, ich habe ja noch so viel zu erzählen.“ Und wieder ging es um den Klosterbau. „Jetzt ist alles geregelt“, sagte sie, „und wenn ich heimkomme, wird der Architekt beauftragt. Ich freue mich ja so darauf.“ Sie erzählte mir von Weingarten, den schönen Fahrten, von ihrem Zusammentreffen mit Kardinal Bea, wie gut sie sich mit ihm verstand, wie liebenswürdig und gesprächig er mit Herrn Pfarrer Naber war. Ferner von ihrem Besuch bei Fürstin Monika und der Familie von Fürst Georg Waldburg-Zeil. 2 Uhr war es, als auch ich zu Bett ging. Am nächsten Tag stand Herr Pfarrer um 5 Uhr auf, er benützte die Morgenstille zum Brevierbeten. Um 8 Uhr las er in der Mariahilfkirche die heilige Messe. Zu schnell vergingen die schönen Stunden. Das Täubchen war etwas schlapp, es bekam Medizin und Kamillentee. Wir mußten mit Resl darüber herzlich lachen. Dann machten wir noch Besuch im Krankenhaus. Anschließend kaufte sie noch ein für Pakete in die Ostzone. „Weißt“, sagte sie, „da muß man viel helfen, nur schicke ich unter fremden Namen, sie brauchen nicht zu wissen, von wem es kommt“. Als wir am Dom vorbeikamen, nahm ich Resl mit. „Muß dir doch den ‚Guten Hirten‘ zeigen, der im Lichthof aufgestellt wurde!“ – „Was, das soll euer ‚Guter Hirte‘ sein?“ Das war ihr zuviel. Umgedreht und weg war sie. „Den Schönsten aller Menschenkinder stellt man nicht so dar!“

Im Dom gefiel es ihr. Sie betete lange am Grab von Bischof Michael, mit dem sie sehr befreundet war. Als er noch Regens im Priesterseminar war, sagte sie ihm, daß er noch Bischof von Eichstätt werde. Als Bischof Leo starb, wurde aber Graf Konrad von Preysing Bischof von Eichstätt. Drei Jahre danach ist Bischof Konrad nach Berlin berufen worden und Regens Michael Rackl wurde nun doch Bischof von Eichstätt. Da erkannte er, daß die Voraussage der Resl, an der er gezweifelt hatte, richtig war. Resl war gerngesehener Gast im Bischöflichen Palais. Krankheit und Tod von Bischof Michael erfüllten sie mit Trauer und Schmerz.

Herrn Pfarrer Naber hätten wir gerne auf unserer Fahrt

in die Stadt mitgenommen, doch er war an diesem Morgen nicht aus seinem Zimmer zu bringen. „Oh, Resl, kann man hier gut beten! Da ist es so schön und still!" Als wir zurückkehrten, erzählte Resl in ihrer temperamentvollen Art vom ‚Guten Hirten'. Herr Pfarrer sagte gar nichts, er lächelte nur. Ich war in der Küche beim Kochen. Resl half mir. Währenddessen schlich sich Herr Pfarrer mit dem Chauffeur fort, den ‚Guten Hirten' anzuschauen. War das ein Hallo, als sie kamen, weil sie uns überlistet hatten und wir nichts merkten. Wir waren alle recht fröhlich. Eine Bekannte hatte sich ein modernes Hütchen gekauft, mit dem kam Resl herein, als wir beim Mittagessen weilten. Sie setzte es sich ganz fesch übers Ohr. Herr Pfarrer konnte so herzlich lachen! Da sagte Resl: „Weißt Anni, so froh waren wir schon lange nicht mehr. Daheim lachen wir wenig. Hier haben wir den Himmel. Aber mir wird Angst vor daheim. Die vielen Leute, die mich bedrängen mit ihren Sorgen! Kreuzerhöhung kommt, ich habe diesmal richtig Angst!" „Nun, Resl", sagte ich, „jetzt denk nicht hin! Die wenigen Stunden wollen wir noch froh sein! Auch bei mir ist wieder alles Schöne zu Ende, wenn ich im Geschäft stehe." Nachmittags waren wir bei meiner Nichte zum Kaffee eingeladen. Wir machten noch nette Aufnahmen. Gegen ihre Gewohnheit weigerte sie sich nicht. Es waren die letzten Aufnahmen vor ihrem Tod.

Beim Abschied sagte sie: „Meine nächsten Ferien verbringe ich bei dir. Ich komme mit Herrn Pfarrer, dann bleiben wir acht Tage und nehmen dich dann mit nach Weingarten. Erst aber wird fest gearbeitet. In einem Jahr muß der Rohbau stehen!" Wir verabschiedeten uns sehr herzlich und winkten uns zu, bis das Auto entschwand. Noch nie empfand ich eine solche Leere in mir. Mag sein, daß wir auch noch nie so sorglos und unbeschwert beisammen waren.

Krankheit, Heimgang und Begräbnis

Am Dienstag, den 18. September 1962 nachmittags, kam ein Telefonanruf: Resl gestorben.

Ich war wie versteinert und konnte es nicht fassen. Abends kam das Telegramm: Resl heute Mittag gestorben, Beerdigung Samstag 10 Uhr.

Es drängte mich, sofort nach Konnersreuth zu fahren. Am nächsten Morgen früh 5 Uhr fuhren wir weg. Um 8 Uhr waren wir schon in Marktredwitz. Dort kaufte ich einen Strauß weißer Nelken und Chrysanthemen. 8.30 Uhr war es, als wir in Konnersreuth ankamen. Es kam mir verändert vor, still, wie ausgestorben, keine Fremden, niemand auf der Straße. Durch eine Hintertür ging ich mit meinem Schwager, der mich gefahren hatte, ins Neumann-Haus. Ich sah aus dem Wohnzimmer einen Lichtschimmer. Da lag nun meine liebe Resl wie schlafend im schwarzen Kleid und mit dem weißen Kopftuch vom letzten Karfreitag. Die Blutspuren der Dornenkrone waren wie ein Kranz roter Rosen. Sie lag in dem Wohnzimmer, in dem sie über 35 Jahre Tausende von Besuchern empfangen, getröstet und auch zurechtgewiesen hatte. Keiner von den Tausenden war, ohne beeindruckt zu sein, von Resl fortgegangen. Nun wird sie zum letztenmal allen eine stumme Mahnung sein, die traurig und ernst vier Tage lang von ihr Abschied nehmen werden. Die Holzfüllung der Türe war herausgenommen und durch ein Glas ersetzt. „Ich habe Angst, wenn ich nach Hause komme, vor den vielen Menschen!“ Sie braucht keine Angst mehr zu haben. Es kamen Tausende zu ihr, aber still und traurig. Es war nur eine Glasscheibe zwischen ihnen und Resl, aber wie weit ist sie von uns gegangen! Und doch, wie nah kann sie jetzt allen sein, auch den vielen Unbekannten, die nicht die Möglichkeit hatten, zu ihr zu kommen.

Nach diesem stillen Gedenken klopfte ich an die Tür zur Wohnküche. Hier traf ich die Angehörigen mit Herrn Pfarrer Naber versammelt. Dieses Wiedersehen war sehr schwer. Acht Tage vorher hatten wir uns zum Abschied so froh die Hand gedrückt, jetzt in stiller Teilnahme.

Herr Pfarrer und Resls Schwester Marie erzählten mir von

den letzten Tagen und Stunden der Heimgegangenen. Ihr Täubchen aus Fatima machte ihr noch große Freude. Sie hatte erst Angst, die anderen Tauben nähmen es nicht an. Wie freute sie sich darüber, wie ihr zartes Täubchen den Kampf mit den anderen aufnahm und sich Respekt verschaffte. Nach der Rückkehr von Eichstätt kränkelte Resl und klagte über Erkältung und Halsschmerzen. Am Freitag war Kreuzerhöhung. Sie hatte sehr zu leiden, ebenso am Samstag, Fest der Sieben Schmerzen Mariä. Als sie am Samstag aufstehen und sich anziehen wollte, erlitt sie einen Herzinfarkt, die Schmerzen waren groß, Marie holte den Arzt. Er machte ein E. K. G., da sah er, daß es schlecht mit ihr stand, er wollte sie ins Krankenhaus bringen, doch Resl und Herr Pfarrer lehnten ab. Die Spritzen halfen nicht viel. Herr Pfarrer und die Angehörigen meinten, es sei wieder ein Sühneleiden für ein liebes Bekanntes, das im Sterben lag, wie es schon öfters der Fall war. Niemand dachte daran, daß ihr eigenes Sterben begann. Herr Pfarrer Naber brachte ihr jeden Tag die heilige Kommunion. Seit einem Unfall am 28. Oktober 1960 durfte er im Hause zelebrieren. So konnte Resl täglich kommunizieren. Nach dem Empfang der heiligen Hostie war sie regelmäßig im „erhobenen Ruhezustand". Hier war es ihr möglich, manches vorauszusagen. So frug Herr Pfarrer am Montag, wie es denn mit ihr weitergehen werde. Es hieß: „Am Dienstag wird es sich entscheiden!" Sie konnte kaum mehr reden. Ihre Zunge war dick angeschwollen. Am Dienstag, 10.30 Uhr, empfing sie den Leib des Herrn zum letztenmal. Es war die letzte mystische Kommunion, wie sie sonst nur an hohen Festtagen und zu außergewöhnlichen Ereignissen stattfand. Sie hatte große Schmerzen, war aber bis zuletzt bei Bewußtsein. Sie konnte noch ihrer Schwester Marie läuten, die unten in der Küche war. Resl saß recht unbequem im Bett, liegen konnte sie nicht mehr. Marie wollte sie stützen, da merkte sie, wie schon das Sterben begann. Sie rief schnell Herrn Pfarrer, als er kam, war Resl schon heimgegangen. Herr Pfarrer Schuhmann betete die Sterbegebete. Marie erzählte mir: „Es hat von den Angehörigen keines nachgebetet, wir glaubten alle nicht, daß Resl gestorben sei." Es wurden bei ihr früher schon öfters die Kerzen angezündet, denn alle Anzeichen des Todes waren eingetreten, dann hatte sie eine Schauung und fing wieder an zu atmen. Bei den Angehörigen hatte ich den Eindruck, daß sie es auch jetzt noch nicht glauben konnten. Herr Pfarrer war sehr gefaßt. Er sagte zu mir: „Nun, Anni, freuen wir uns mit der Resl." Marie führte mich dann zu ihr hinein. So stand ich ihr ganz nahe. Mit meinen Blumen, es waren die ersten die sie bekam, durfte ich sie schmücken. Anschließend machte ich Besuch im Friedhof bei der lieben Ottilie. Man war eben daran, neben ihr die Gruft für Resl zu graben. Traurig frugen Bekannte am Weg: „Ist es wirklich wahr?"

Um 12 Uhr verabschiedete ich mich vom Herrn Pfarrer und den Angehörigen. Dann ein letztes Mal von meiner Resl. Mit der festen Überzeugung, daß hier noch nicht alles zu Ende ist, fuhren wir heim.

Über 6000 Menschen gaben ihr am Samstag das letzte Geleite. Während des Totenamtes hielten drei Ärzte die Totenschau. Es gab keinen Leichengeruch, keine Totenflecken, keine Leichenstarre. Als sie in den Sarg gehoben wurde, wunderten sich die Helfer. Sie hatten keinen starren Leichnam in Händen. Die Lippen waren frisch und feucht, nur die Augen waren gebrochen. In einem Eichen- und Zinnsarg wurde sie beigesetzt. Die Gruft war ausgemauert mit weißen Kacheln. Ein Blumenmeer deckte den Hügel.

Die ganze Welt nahm innigen Anteil am Tod der Resl. Von überall her kamen Telegramme und Briefe. Minister Dr. Hundhammer, ein Freund der Resl, nahm an ihrer Beerdigung teil. Oberbürgermeister Dr. Hutter von Eichstätt widmete ihr in einer öffentlichen Stadtratsitzung am 19. September folgenden Nachruf:

„Es ziemt sich einer Frau zu gedenken, deren Name jedermann in Deutschland bekannt war, die gestern in den ewigen Frieden eingegangen ist,

Therese Neumann von Konnersreuth.

Neben ihrer Heimat war ihr durch viele Jahre hindurch unsere Stadt zur zweiten Heimat geworden. Sie hatte auch an den Geschicken Eichstätts regen Anteil genommen. Bei Professor Franz Xaver Wutz lebte sie im Kreise wohlgesinnter

Freunde und Bekannter. In unserer Stadt wirkten hervorragende Vertreter des Konnersreuther Kreises. Ich nenne nur neben Dr. Wutz Pater Ingbert Naab und Professor Dr. Lechner, die in einer geistig-bewegten und erregten Zeit unerschrocken für die Echtheit der Stigmata eintraten. Hier in Eichstätt trat der gewaltigste Wortführer dieses Kreises, Dr. Fritz Gerlich, an einem Michaelsfest in der Kapuzinerkirche zum katholischen Glauben über.

Therese Neumann von Konnersreuth war eine schlichte, fromme und einfache Frau. Freundlich, offen und gerade. Nichts war ihr mehr zuwider, als wenn man von ihr sprach. Sie gab in unserer Zeit und Welt, in der alles berechenbar, meß- und wägbar ist, ein Zeugnis einer anderen, geheimnisvollen und unsichtbaren Welt, die sich dem Menschen nur im Glauben offenbart. Sie möge ruhen im Frieden Gottes!"

AUS DEM SCHATZ DER ERINNERUNG

Wie ich Resl kennenlernte

Nachdem Resl heimgegangen, wandern meine Gedanken zurück und suchen in der Erinnerung. Unvergeßliche Stunden, die ich mit ihr verbringen durfte, werden lebendig. Vor ungefähr 30 Jahren lernte ich Resl in Eichstätt kennen. Als 16jähriges Mädchen übernahm ich 1930 unsere Metzgereifiliale in der Ostenstraße. Als Kundin kam zu mir auch Ottilie Neumann, die Haushälterin bei Herrn Professor Wutz war. Ich kannte beide nicht. Ottilie fiel mir auf durch ihre Natürlichkeit, ihr freundliches Wesen und ihre Anspruchslosigkeit. Wer Professor Wutz sei, habe ich auf folgende Weise erfahren: Als ihn eine Kundin grüßte, fragte ich diese nachher: „Wer ist denn der Pfarrer, der jeden Tag in die Stadt kommt?" Darauf die Frau: „Das ist doch der berühmte Professor Wutz. Jetzt geht er zum Kolleg in die Hochschule." In der so einfachen Kleidung, dem weiten Schlapphut, sah er nicht nach einem berühmten Gelehrten aus. Als ich ihm später diese Episode erzählte, lachte er und sagte: „Dies ist mir schon öfters passiert."

1932 wurden Bayernwacht und Bayernring gegründet. Während der Gründungsversammlung in der Krone war Ottilie meine Tischnachbarin. Auch sie ließ sich aufnehmen. Wir haben uns in unseren politischen und religiösen Ansichten prächtig verstanden und von jetzt an manches Gespräch hierüber im Geschäft geführt. Ich war damals Führerin der „Weißen Rose" und stand schon vor der Machtergreifung Hitlers in heftiger Auseinandersetzung mit seiner Partei.

An einem Freitag in der Fastenzeit stand ich gerade unter der Ladentür, als Professor Wutz vorbeiging. Er winkte mich zu sich hin und sagte: „Gehn's heute so um 11 Uhr in meine Wohnung und sagen Sie zu Ottilie, daß ich Sie geschickt habe." Punkt 11 Uhr war ich im Wutz-Haus. Es liegt fünf Minuten von meinem Geschäft entfernt. Ottilie öffnete mir. Sie ließ mich in einem Zimmer warten, dessen Blick hinaus in den Garten ging. „Schaun's derweil der Resl ihre Vögel an." Ein Stück Garten war eingezäunt und ganz von Drahtgeflecht umgeben. Darinnen waren Vögel aller Art, es war eine Pracht! Dann führte mich Ottilie in das Zimmer von Resl. Ich hatte sie noch nie gesehen. Da lag sie nun im weißen Nachtjäckchen und weißem Kopftuch im Bett. Das Kopftuch war an mehreren Stellen blutdurchtränkt. Aus den Augen tropfte Blut, lief über die Wangen in breiten Streifen, vereinigte sich unter dem Kinn und tropfte auf die Nachtjacke. Aus den Wundmalen der Hände sickerte frisches Blut. Resl hatte das Freitagsleiden in der Fastenzeit. Ich durfte, weil ich klein bin, ganz nahe an das Bett heran. Herr Pfarrer Naber erklärte die einzelnen Phasen der Leidensstationen. Resls Mitleiden und Mitschauen war erschütternd. An ihrem Gesichtsausdruck und Mienenspiel konnte man das ganze Geschehen mitverfolgen. Die übergroße Qual der Kreuzigung, des Durstes, die letzten Worte, wie Resl hinhorchte und dann das Sterben! Sie sank wie tot in die Kissen zurück. Erschüttert und auf den Zehenspitzen verließ ich so gegen 13 Uhr das Zimmer.

Von diesem Tag an kam ich in enge Beziehung zum sogenannten „Konnersreuther Kreis".

Mit der Machtübernahme Hitlers begann die Verfolgung

der Kirche und der Jugendverbände. Das hat Ungleiche in Alter und Beruf als Freunde zusammenwachsen lassen. Ich will nun in Kürze die Freunde um Resl schildern, die diesem Kreis angehörten.

„Der Konnersreuther Kreis"

Als ersten nenne ich Hochschulprofessor Dr. Franz Xaver Wutz.

Er und sein Haus waren Mittelpunkt des Kreises. Er war weit über Deutschlands Grenzen bekannt als Gelehrter und Forscher der alttestamentlichen Exegese und der biblischen Wissenschaften. Resl lernte er fast schon zu Beginn der außergewöhnlichen Ereignisse kennen. Er hatte in Waldsassen zu tun. Da las er auf einem Wegweiser: „5 km nach Konnersreuth." Aufgeschlossen für alles, fuhr er hin. Dort traf er Resl, deren Eltern und Herrn Pfarrer Naber. Sehr beeindruckt war er von der Schlichtheit und nüchternen Frömmigkeit dieser einfachen Bauersleute. Er sah, wie sie alle darunter litten, im Mittelpunkt des öffentlichen Interesses zu stehen. Professor Wutz versprach zum Freitagsleiden wiederzukommen. Oft kam er nun und scheute das Opfer einer vierstündigen Autofahrt nicht. Er schaute Resl in ihren Freitagsleiden und Visionen. Er interessierte sich besonders für die aramäischen Worte, die Resl während ihrer Visionen hörte. Gar bald war er von der Echtheit der Konnersreuther Vorgänge überzeugt. Einige Male versuchte er Resl zu korrigieren: „Resl, das hast du falsch verstanden, es muß so geheißen haben". Dann sprach er ihr sein Aramäisches vor. Resl aber antwortete sehr bestimmt: „Nein, so hat es nicht geheißen!" Und wiederholte die Sprache, wie sie Christus und das Volk reden hörte. Professor Wutz mußte dann zugeben, daß Resl recht hatte.

Zwischen Professor Wutz, seiner Mutter und der Neumannfamilie entstand eine herzliche Freundschaft. Der große Professor und Gelehrte war in dieser Familie der schlichte und einfache Priester, der ihnen mit Rat und Hilfe zur Seite stand. Besonders Resl vertraute sich ihm restlos an. Als seine Schwester starb, nahm Professor Wutz Ottilie, eine Schwester der Resl, als Haushälterin zu sich mit nach Eichstätt. Auch ihre beiden Brüder, Ferdl und Hans, nahm er nach Eichstätt zum Studium. So wurde das Wutzhaus auch Resl zur zweiten Heimat. Sie verbrachte nun viele Wochen in Eichstätt. Professor Wutz und Resls Brüder bauten ein Zimmer als Kapelle aus. Der Professor bekam vom Bischof die Erlaubnis, zu Hause zu zelebrieren und, während Resl hier war, das Allerheiligste im Hause aufzubewahren.

Im Dritten Reich schloß sich der Freundeskreis hier besonders eng zusammen. In diesem Zusammenhang sei auch erwähnt, daß Resl nie etwas Politisches prophezeit hat. Was darüber geschrieben wurde, sind Gerüchte und beruhen nicht auf Wahrheit. Im gewöhnlichen Zustand hatte Resl kein anderes Wissen, wie jeder andere Mensch auch. Ratschläge und Antworten auf Fragen in der Ekstase behinderten nie den freien Willen eines Menschen. Leider wurde hier manches falsch gedeutet und verdreht, so daß es zu Mißverständnissen führte. Prophezeiungen über das Ende des Dritten Reiches waren in diesem Kreise auch nicht nötig. Die ganzen Freunde um Resl waren von Anfang an Gegner des Dritten Reiches. Jeder wußte mit Sicherheit, daß dieses Regime untergehen werde. Als in Deutschland einer vom andern verraten wurde und keiner mehr ein offenes Wort zu sagen wagte, war hier ein Ort, wo jeder seine Sorgen um die Kirche, das Volk, die Jugend und um seinen Glauben offen aussprechen konnte und durfte. Dieses Haus wurde zur Kraftquelle für alle, die offen den Kampf gegen Hitler und seine Partei aufnahmen.

Professor Wutz starb am Josefstag 1938 im Alter von 56 Jahren.

Dr. Fritz Gerlich, Chefredakteur der „Münchner Neuesten Nachrichten", war Protestant und nüchterner Journalist. Er fuhr 1926 nach Konnersreuth, um, wie er selber sagte, den Schwindel aufzudecken. Er wollte einen Artikel darüber in seiner Zeitung schreiben. Es sollte anders kommen. Er war fasziniert und zutiefst beeindruckt von dem, was er in Konnersreuth sah und erlebte. Schwindel schied hier vollkommen aus. Als Protestant jedoch konnte er vieles nicht begreifen. Er befaßte sich nun mit dem katholischen Glauben, lernte Dr. Wutz und Pater Ingbert Naab kennen. Letzterer bereitete ihn zum Übertritt in die katholische Kirche vor. Am Michaelstag 1931 konvertierte er in Eichstätt. Eine schöne Aufnahme von seiner Erstkommunionfeier im großen Freundeskreis sah ich in Resls Fotoalbum. Er hat in Konnersreuth so viel Außergewöhnliches erlebt, daß er sein Leben vollkommen änderte. Aus ihm wurde ein Paulus. Die katholische Kirche bekam in ihm einen furchtlosen Verteidiger des Glaubens und einen der ersten Märtyrer des Dritten Reiches. 1933 wurde er von der Gestapo verhaftet und schwer mißhandelt. Gelegentlich des Röhmputsches wurde er auf seiner Gefängnispritsche erschlagen. Genaueres über seinen Tod erfuhren wir von einem Mitgefangenen, der in die Schweiz entkommen konnte. Über die Resl schrieb er zwei Bände, auf wissenschaftlich streng historischer Grundlage.

Sein priesterlicher Freund und sein späterer Mitarbeiter im „Geraden Weg" war Pater Ingbert Naab, von 1929 bis 1932 Guardin des Kapuzinerklosters in Eichstätt. Er war ein guter Prediger und Schriftsteller, ein hervorragender Jugendführer und als solcher Landespräses der Marianischen Studentenkongregation Bayerns. Der Kampf gegen das Dritte Reich offenbarte seine ganze Größe und ungewöhnlichen Fähigkeiten. 1932 half er Dr. Gerlich die Zeitschrift „Der Gerade Weg" zu gründen, ein mutiges Kampfblatt gegen Hitler und seine Partei. „Herr Hitler, wer hat Sie gewählt?" — „Ein offener Brief an Hitler!" — „Ist Hitler ein Christ?" — „Die Partei mit der christlichen Maske" — „Die Flammenzeichen rauchen" — „Die Männer um Hitler", das sind nur einige seiner aufsehenerregenden Veröffentlichungen. 1933 wurde er von der Gestapo verfolgt. Er floh aus seinem Kloster, um dasselbe nicht in Schwierigkeit zu bringen. Professor Wutz brachte ihn in Sicherheit nach dem Kloster Ave Maria bei Deggingen, von wo aus er in die Schweiz fliehen konnte. Er hatte einen schönen Vollbart, was ihm ein würdiges Aussehen verlieh. Bart und Haar mußten fallen. Im hellen Anzug, bunter Krawatte und hellem Hut kam er unerkannt über die Grenze. Als Pater Peregrinus wirkte er in der Schweiz, im Sudetenland und im Elsaß. Er litt sehr unter der Heimatlosigkeit.

1935 starb er in Königshofen bei Straßburg. In dieses Kloster ist er vor Jahrzehnten eingetreten. Auf Veranlassung des Eichstätter Oberbürgermeisters Dr. Hutter, dem er ein väterlicher Freund war, wurde er 1953 nach Eichstätt überführt. Im stillen Friedhof der Kapuziner harrt er der Auferstehung entgegen. Mit Resl verband ihn eine enge Freundschaft.

Das Verhältnis von Resl zum Kapuzinerorden blieb bis zu ihrem Tode ein sehr freundschaftliches. Viele Patres hat sie in den Jahrzehnten kennen und schätzen gelernt. Sie waren gern gesehene Gäste im Wutzhaus und in Konnersreuth, wo sie auch Missionen und Einkehrtage abhielten. Ich will nur einige davon nennen: Pater Kosmas, Pater Dr. Stanislaus, welcher Resl und Herrn Pfarrer Naber in den Dritten Orden aufnahm, Pater Felix von Moreau, Pater Leo, Domprediger von Regensburg, der die Beerdigung ihrer Schwester Ottilie hielt, und Pater Dr. Calixt, der als Drittordensdirektor an ihrem Grabe sprach. Liebe Freunde waren ihr auch der Bruder Pförtner und Gärtner in Eichstätt und der Bruder Schuster von Altötting. Letzterer hat ihr mit besonderer Liebe leichte, weiche Schuhe gefertigt.

Fürst Erich Waldburg-Zeil. Er gehörte zum engsten und frühesten Freundeskreis. Er kam oft ins Wutzhaus. Auch finanzierte er mit großen Opfern den „Geraden Weg". Nach dem Tod von Herrn Professor Wutz 1938 kaufte er dessen Haus und setzte Ottilie zur Hausverwalterin ein. So wurde es möglich, das Haus für Resl und ihre Freunde zu erhalten. Er erlitt, fünfzigjährig, einen Jagdunfall, an dessen Folgen er starb. Seine Frau, Fürstin Monika, hielt Resl bis zu deren Tode die Treue. Sie nahm auch an Resls Beerdigung teil.

Bruno Rotschild. Er war Jude und junger Apotheker. Seine Erlebnisse in Konnersreuth machten auf ihn so starken Eindruck, daß er konvertierte und sich entschloß, in Eichstätt Theologie zu studieren. 1932 wurde er dort zum Priester geweiht. Durch seine Konversion verlor er sein Elternhaus, aber in Konnersreuth und Eichstätt fand er eine neue Heimat. Am Heiligen Abend 1932 erlitt er am Nürnberger Hauptbahnhof einen Herzinfarkt. Er wollte eben zum Weihnachtsfest nach Konnersreuth fahren. Resl hat ihn in ihrer Weihnachtsvision schon beim Heiland gesehen, sie konnte sich dies aber nicht erklären, denn sie wußte noch nicht, daß er gestorben war. Er wurde nach Konnersreuth überführt und liegt dort begraben. Mit besonderer Liebe hat Resl bis zu ihrem Tode sein Grab geschmückt. Der 1933 einsetzenden Judenverfolgung ist er durch seinen Tod entgangen.

Benedicta von Spiegel, Äbtissin zu St. Walburg. Mit dieser Frau unterhielt Resl eine innige Freundschaft. Sie war eine außergewöhnliche Persönlichkeit, reich begabt, hoch gebildet, ungemein geschätzt und beliebt bei Hoch und Nieder. Wenn Resl in Eichstätt weilte, dann war sie immer auch Gast in St. Walburg. Viele Photographien, die im Besitz der Familie Neumann sind, geben Zeugnis von dieser innigen Freundschaft. 75jährig starb sie 1950, von Convent und der Stadt sehr betrauert. Zu Kriegsende hatte sie durch ihre mutigen Verhandlungen mit Engländern und Amerikanern, wie man annimmt, wesentlich dazu beigetragen, daß die Stadt vor der Zerstörung bewahrt blieb.

Bischof Konrad von Preysing und Bischof Michael Rackl waren Freunde von Professor Wutz. Resl traf mit ihnen öfters im Wutzhaus zusammen. Ebenso mit anderen Persönlichkeiten, die dort ein- und ausgingen. Hier sei vor allem Herr Dompfarrer Johannes Kraus genannt, dessen mutige Predigten im Dritten Reich in ganz Deutschland bekannt waren. 1940 wurde er, nach einer Predigt, in der er einen in der Nacht begangenen Kreuzfrevel scharf verurteilte, verhaftet und in ein Gefängnis nach Nürnberg gebracht. Nach einjähriger Schutzhaft entlassen und durch Stadtverweis an der Rückkehr nach Eichstätt gehindert, wirkte er bis zu seiner Rehabilitierung in Herrieden und Buchdorf. Ferner der große Musiker und Eichstätter Ehrenbürger Kapellmeister Dr. Wilhelm Widmann. Resl sah ihn in ihrer Allerheiligenvision 1939 im Himmel. Sie sagte nach derselben: „In Eichstätt muß Kapellmeister Widmann gestorben sein." Zu gleicher Zeit wurde er in Eichstätt beerdigt. Die Stadt legte einen Kranz an seinem Grabe nieder, an dem eine große Hakenkreuzschleife war. Am nächsten Tag war dieselbe abgeschnitten. Man konnte diesem Mann, der das Naziregime so haßte, dieses Zeichen nicht auf seinem Grabe lassen. Die Gestapo suchte lange nach dem Übeltäter. Es hat oft Neckereien zwischen Resl und dem „Capello" gegeben. Resl war vollkommen unmusikalisch, ich habe sie nie singen gehört. Und doch haben sich diese ungleichen Persönlichkeiten ganz prächtig verstanden.

Ein treuer Freund war Hochschul-Professor Dr. Josef Lechner. Er war an der Phil.-Theol. Hochschule in Eichstätt Lehrer des Kirchenrechts und der Liturgik. Treu stand er der Familie Neumann und besonders Resl bis zu seinem Tode 1954 zur Seite. Er führte eine scharfe Feder und hatte manche Auseinandersetzung mit den Gegnern von Konnersreuth.

Hochschul-Professor Dr. Franz Xaver Mayr ist einer der wenigen Überlebenden des Konnersreuther Kreises. Er war ein treuer Freund Resls. Schon 1926 kam er mit Professor Wutz das erste Mal zu ihr nach Konnersreuth und besuchte sie noch in ihren letzten Lebenstagen in Eichstätt. In der Hochschule lehrte er Naturwissenschaft. Seit 1958 ist er emeritiert.

Dr. med. Josef Mittendorfer, der ganz besonders mit der Familie Neumann verbunden war. „Resl's Chauffeur" nannte er sich. Er hat ihr nie einen Wunsch oder eine Fahrt abgeschlagen! Gerne weilte Resl in der Hofmühle bei der Familie Emslander. Nicht vergessen sei Dr. Simon Schorer, Generalbevollmächtigter des Fürsten Waldburg-Zeil. Zu allen stand Resl in enger Beziehung. Um jeden bangte sie, der in Gefahr war, und das waren alle ihre treuen Freunde während des Dritten Reiches. Denn der ganze Kreis arbeitete aktiv gegen dieses Regime. Wie nahe ging ihr der Tod von vielen dieser Freunde!

Politisch bewegte Jahre in Eichstätt

Mit der Machtübernahme 1933 durch Hitler begann der Kampf gegen Religion und Kirche. Alle katholischen Jugendverbände wurden verboten. In Eichstätt stieß die Partei auf besonders erbitterten Widerstand. Zur ersten offenen Auseinandersetzung kam es, als die HJ das Christusbanner der katholischen Jugend mit Mistgabeln auf dem Marktplatz aufgespießt hatte. Ein katholischer Jugendführer wurde verhaftet und nach Dachau gebracht. Jugendpfarrer Dr. Josef Rieder wurde einige Wochen in Schutzhaft genommen und anschließend aus der Stadt verwiesen. Der damalige Dompfarrer H. H. Lederer erlag einem Herzschlag. Die Dompfarrei war verwaist, die katholische Jugend zerstreut und ohne Führung. Unter dem neuernannten Dompfarrer Johannes Kraus kam wieder neues Leben in die Pfarrei und in die Jugend. Eine straffe aktive Arbeit begann. Lehrlinge, Studenten, Dienstmädchen und Angestellte sammelten sich in der Pfarrjugend. Am Feste Mariä Lichtmeß nahmen über 700 junge Mädchen an der Lichterprozession teil. Die Partei spürte den neuen Wind und war nicht untätig.

In meinem Geschäft konnte ich eine rege Werbung entfalten, hatte ich doch Zugang zu allen Kreisen. Bei mir konnte man alles bekommen; jede gedruckte Predigt, ob vom Bischof von Galen oder Bischof Michael, von Dompfarrer Kraus oder von Pater Rupert Mayer. Wir hatten die „Goebbelsbriefe", nach denen in ganz Deutschland gefahndet wurde, verfaßt und gedruckt wurden sie in Eichstätt. Das blieb der Partei nicht verborgen. Eines Morgens hatte ich Haussuchung. Ich wurde verhaftet. Zu gleicher Zeit war Resl in Eichstätt, sie hörte davon und rief auf zum Gebet. Ich wußte davon nichts, doch in meiner Zelle spürte ich die Kraft des Gebetes. Ich war nicht erschreckt und ängstlich; in meiner Tasche hatte ich mein Neues Testament und mein Missale, beide Bücher durfte ich mit in die Zelle nehmen. Als die Türe hinter mir ins Schloß fiel und abgesperrt wurde, setzte ich mich auf den Hocker und überdachte meine Lage. Sie war nicht rosig. Da nahm ich das Neue Testament zur Hand, schlug es aufs Geratewohl auf und traf die Stelle: „Wenn ihr den Gerichten ausgeliefert werdet, so sorget nicht, was ihr reden sollt; denn was euch in jener Stunde gegeben wird, das redet, denn nicht ihr seid es, die da reden, sondern der Hl. Geist." –

Was wollte ich mehr! Mich überkam Ruhe und Sicherheit. Als der Wärter hereinkam und einen Krug Wasser brachte, bat ich ihn – ich kannte ihn gut vom Geschäft her – doch zu vermitteln, daß ich heute noch vernommen werde. Um 5 Uhr wurde die Zelle wieder geöffnet und ein Polizist führte mich ins Amtsgericht zur Vernehmung. Drei Stunden dauerte dieselbe, ich konnte mich ausgezeichnet verteidigen, brachte keinen meiner Freunde und Kampfgefährten in Gefahr und wurde, was niemand zu hoffen wagte, am wenigsten ich, um 20.30 Uhr freigelassen. Lediglich eine Verwarnung wurde mir gegeben, nicht mehr gegen Partei und Staat zu arbeiten.

Als nach dem Krieg die Amerikaner das politische Material in Eichstätt sichteten, waren sie erstaunt, daß bei diesem harten Kampf nicht mehr mit KZ bestraft wurden. Immer wieder frug mich Mister Reuter: „Wie habt ihr es fertig gebracht, daß ihr so gut weggekommen seid?" Ich konnte das diesem Mann, der ein begeisterter Kommunist war, nicht erklären. Ich sagte ihm nur, daß wir den Kommunismus ebensowenig geduldet hätten.

Nach meiner ersten Feuerprobe wurde ich oft ins Wutzhaus eingeladen. Im Arbeitszimmer von Herrn Professor saßen wir beisammen, Resl in ihrer Nische mit dem Strickzeug. Herr Professor war recht gesprächig. Es bleibt mir unvergeßlich, als er mir seine neue Übersetzung des Hohen Liedes vorlas. Das Wutzhaus wurde auch bewacht und bespitzelt. Sein großer Bernhardinerhund, der Haus und Garten schützen sollte, wurde vergiftet. Eines Tages war auch dort Haussuchung vom Keller bis zum Speicher. Herr Professor Wutz fragte die Gestapo, was sie eigentlich sucht und was sie wollten? „Hier im Haus muß eine Geheimdruckerei sein!" Da öffnete Herr Professor lächelnd die 00-Türe und sagte: „Dies ist meine Geheimdruckerei, eine andere habe ich nicht."

Sein plötzlicher Tod 1938 kam für Resl ganz unerwartet und traf sie sehr schwer. Der einzige Trost war, daß er durch seinen Tod einer unausbleiblichen Verhaftung entging. Von nah und fern kamen einfaches Volk, Akademiker, Priester und hohe Würdenträger zu seiner Beerdigung. Selten hat der Friedhof so viele Menschen gesehen. Auch die Gestapo konnte es nicht unterlassen, daran teilzunehmen. Ich schloß mich den drei Herren an, die ich von meiner Vernehmung her kannte. So konnte ich bis an das Grab herankommen. Resl sagte, daß Herr Professor Wutz nur ein kurzes Fegfeuer gehabt habe, das er in seiner Kapelle abbüßen durfte.

Auch bei mir wechselten Haussuchungen und Vernehmungen ab. Mein Geschäft wurde boykottiert und ich der Stadt verwiesen. Auch Androhung von Prügeln fehlte nicht, wenn ich nicht bald verschwinden würde. Rückblickend auf diese gefährliche Zeit muß ich mich wundern, mit welcher Ruhe und Heiterkeit wir alles hinnahmen. Wir kamen in froher Runde fast jeden Abend zusammen und freuten uns herzlich, wenn wir der Partei ein Schnippchen geschlagen hatten. Als die Lage für mich in Eichstätt unhaltbar wurde, drängte mich Resl, zu ihr zu kommen. So verließ ich mein geliebtes Eichstätt und war für zehn Wochen Gast bei Resl. Es war die schönste und sorgloseste Zeit meines Lebens. Den ganzen Tag war ich bei Resl, arbeitete mit ihr im Garten, half ihr beim Kirchenschmücken, fuhr mit ihr in den Wald. Ich habe Resl kennengelernt als den einfachsten Menschen der Welt, der herzlich lachen und weinen konnte, dazu grundehrlich, hilfsbereit und tief fromm war. Sie konnte nicht lügen und manchen sagte sie unumwunden die Meinung, so wie sie sich alles dachte. An ihr war kein Falsch und keine Verstellung. Schlagfertig, witzig und ungemein fleißig war sie. Ich durfte es in dieser Zeit spüren, welch großes Opfer es für Resl war, stundenlang sich den Fremden zu widmen. Darunter litt sie bis in die letzten Tage ihres Lebens. Wer in einem großen Leid oder in Krankheit zu ihr kam, der ging nicht ungetröstet. Neugierige wurden von ihr sehr schnell abgefertigt: „Ich bin kein Schaustück“, hörte ich sie sagen, oder: „Wenn ihr schon nichts arbeitet, so haltet mich wenigstens nicht auch noch auf!“ Das wurde ihr oft verübelt. Ich durfte bei vielen Visionen dabei sein, oft auch beim Freitagsleiden, worüber ich später berichten werde. Resl wollte, daß ich ganz bei ihr bliebe. Da aber kein Ende des 1000jährigen Reiches abzusehen war, wollte ich mich um eine Verdienstmöglichkeit umsehen.

Als eine Geschäftsfrau aus Ravensburg Resl besuchte, kam auch ich mit ihr ins Gespräch. Sie suchte für ihre Metzgerei eine Verkäuferin. Ich sagte gleich für 1. ds. Mts. zu. So hatte ich die Freiheit wieder mit strenger Pflicht vertauscht. Ravensburg wurde mir fast für zwei Jahre Heimat. Es gefiel mir gut, doch jede Verbindung mit Konnersreuth und Eichstätt war abgebrochen. Einmal besuchte mich Ottilie und erzählte mir von der Verhaftung ihrer Brüder Ferdl und Hans. Sie wurden auf der Rückfahrt an der Schweizer Grenze verhaftet. Sie hatten Gefährdete in Sicherheit gebracht. Sie waren lange im Gefängnis in Konstanz. Hans wurde dann einer Strafkompanie zugeteilt und an die Front geschickt. Er wurde verwundet und in die Heimat entlassen. Auch Ferdl wurde inzwischen aus dem Gefängnis entlassen. So war für die Neumannfamilie diese große Sorge behoben.

Hitler begann seinen Siegeszug. Österreich kehrte „heim ins Reich". Mit dem Einmarsch in Polen begann der Krieg. Aus unserem Eichstätter Geschäft wurden alle Kräfte zur Wehrmacht eingezogen. Nachdem unsere Familie als politisch unzuverlässig galt, gab es keine UK-Stellung.

Als der damalige Kreisleiter von Eichstätt fiel – er war schuld an meinem Stadtverweis – kehrte ich 1941 nach Eichstätt zurück. Ich bekam etliche Vorladungen, konnte aber bleiben.

Natürlich nahm ich meine Beziehung zum Wutzhaus sofort wieder auf. Auch hier hatte sich vieles geändert. Als zu Kriegsbeginn 1939 alle staatlichen theologischen Fakultäten geschlossen wurden, nahm die Bischöfliche Phil.-Theol. Hochschule Eichstätt alle Theologiestudenten Bayerns und auch solche von außerbayerischen Hochschulen auf. Fünf Studenten aus Tübingen fanden Unterkunft im Wutzhaus. Ottilie wurde Studentenmutter. Trotz der ernsten politischen Lage herrschte in ihrem Hause Frohsinn und Heiterkeit. Resl kam öfters nach Eichstätt. Die Studenten wiederum besuchten während ihrer Ferien Resl in Konnersreuth. Es bestand zwischen ihnen eine herzliche Gemeinschaft. Nur sollte dieses frohe Leben nicht lange dauern. Einer nach dem anderen wurde zur Wehrmacht eingezogen. Nur ein einziger konnte sein Ziel erreichen und ist jetzt Pfarrer in Württemberg. Die anderen sind aus dem Krieg nicht mehr heimgekehrt.

Aus dem Wutzhaus wurde nun ein Mädchenpensionat. Auch fand der Abt von Schweiklberg, Hochw. Herr Willibald Markgraf, nach Beschlagnahme seines Klosters im Wutzhaus Aufnahme. Resl kam ganz selten mehr nach Eichstätt und Ottilie fuhr nur mehr zur Ferienzeit kurz nach Hause. Obwohl ich eine Wohnung hatte, lebte ich fast ganz im Wutzhaus. Als nach dem Zusammenbruch der große Flüchtlingsstrom einsetzte und mit ihm die große Wohnungsnot, trat ich meine Wohnung an Flüchtlinge ab und zog ganz zur Ottilie.

Vorher aber wohnte vorübergehend ein liebes, älteres Ehepaar bei der Ottilie. Der Mann war Jude, die Frau katholisch. Sie suchten und fanden hier Schutz vor der Verfolgung der Gestapo. Ottilie dachte nicht an die eigene Gefahr, wenn sie entdeckt würden. Sie sah ihre Not und half. Bei den Kapuzinern wohnten ihre beiden Söhne, die Theologie studierten. Es waren recht schöne Monate, die wir miteinander verlebten. Der Mann spielte gut Violine, seine Frau war Klavierlehrerin und Kunstgewerblerin. Es waren die reinsten Konzertabende, die wir nun im Wutzhaus hatten. Gerne denke ich noch an die „Stanzeln", die als Dreingabe zum Abschluß des Abends gespielt wurden. Auch Resl schätzte und liebte diese Familie und freute sich, daß sie es bei der Ottilie so gut hatten.

Nach dem Krieg machte Ottilie das Wutzhaus ein halbes Jahr lang zu einem Caritasheim. Sie war erschüttert, als sie das große Elend auf der Straße sah. Flüchtlinge, Frauen mit Kindern, Soldaten, halbverhungert und in Lumpen, zogen zu Hunderten auch durch unsere Stadt. Ottilie holte sie herein in ihr Haus, gab ihnen warmes Essen, Wäsche und Geld. Ihr Beispiel machte Schule, erst brachten die Nachbarn Lebensmittel und Geld, dann die ganze Stadt. Über ein halbes Jahr kochte und verteilte Ottilie. Oft an hundert Essen am Tag gab sie aus. Von Brot, Tee und Getränken gar nicht zu reden. Es grenzte oft ans Wunderbare, je mehr Ottilie gab, um so mehr bekam sie. Soldaten und Familien mit Kindern bekamen auch noch Geld mit auf den Weg. Mancher, der damals durch Eichstätt zog, wird sich an diese einmalige Aktion erinnern können. Als ihre Tätigkeit zu Ende war, konnte sie an die Caritas von übriggebliebenen Spenden noch 1100 Mark abliefern!

Dieses Kapitel möchte ich nicht abschließen, ohne einige Begebenheiten zu schildern, die zeigen, wie helfen und für andere da zu sein für Ottilie Lebensbedürfnis war. Resl stand ihr in diesem Punkt in nichts nach. Sie billigte voll und ganz die Handlungsweise ihrer Schwester Ottilie und unterstützte sie.

Während des Krieges wurde einmal ein Trupp gefangener Russen an ihrem Hause vorbeigeführt. Sie waren vor Hunger so elend und schwach, daß sie kaum mehr gehen konnten. Der

Posten war menschlich, auf einem Rasen, in der Nähe des Wutzhauses, ließ er sie ausruhen. Ottilie sah die Not, sie schnitt Brot auf, packte einen großen Karton voll mit Lebensmittel und schob diesen im Vorbeigehen den Hungernden hin. Diese dankbaren Blicke! Der Posten tat, als sähe er nichts. Auf Feindbegünstigung, gleich welcher Art, stand Gefängnis!

Eines Morgens ging Ottilie von der Kirche nach Hause. Als sie am Hause des weiblichen Arbeitsdienstes vorbeikam, tat es einen furchtbaren Schlag. Ottilie drehte sich um, da lag ein junges Mädchen am Boden. Es war vom 3. Stock herabgesprungen. Sie half das Mädchen ins Haus tragen. Die Lagerführerin wollte Ottilie weiterschicken. Diese aber ging nicht, bis das Mädchen ins Krankenhaus gebracht war. Die Parteiführung war wütend, sie wollten das Mädchen nach München schaffen, um diese Angelegenheit zu vertuschen. Der behandelnde Arzt lehnte einen Transport der Schwerverletzten ab. Es hatte schon lange Zwistigkeiten zwischen Albertine und der Lagerführung gegeben. An diesem Morgen war es besonders schlimm gewesen. Mit dem Sprung aus dem Fenster hatte sie allem ein Ende machen wollen. Ihre Angehörigen aus dem Elsaß konnten nicht kommen. So sorgte Ottilie für alles. Täglich besuchte sie Albertine, brachte ihr Wäsche, Wein, Obst, Blumen. Ottilie war nichts zu teuer, nichts zu viel. Die Verletzungen waren so schwer, daß an ein Aufkommen nicht mehr zu denken war. Ottilie bereitete das Mädchen aufs Sterben vor. Nach sechs oder sieben Wochen starb Albertine. Ottilie verständigte die Eltern, beherbergte und verpflegte sie und kümmerte sich um Albertines Überführung. Für ein eigenes Angehöriges hätte sie nicht besser sorgen können.

Ottilie hatte ein Gespür dafür, wo sie gebraucht wurde. Es gab bei ihr kein langes Besinnen, keine Angst und Zimperlichkeit. Ich erinnere mich an den Tag der Einnahme Eichstätts durch die Amerikaner. Es war fast noch Nacht, als an diesem denkwürdigen Tag Abt Willibald Markraf in der Wutzkapelle die heilige Messe zelebrierte. Ottilie ministrierte. Anschließend standen wir am Fenster, um den Tag zu erwarten, der auch für Eichstätt die Entscheidung bringen sollte. Plötzlich sahen wir in der Dämmerung vier Männer einen mit Kisten beladenen Handwagen ans Ufer der Altmühl

Die letzte Aufnahme der Resl, acht Tage vor ihrem Tod

H. H. Pfarrer Naber

fahren. Sie hatten es eilig, wir sahen, wie sie die Kisten in die Altmühl entleerten. Wir dachten, es sei der „Wehrwolf". Bei der zweiten Fuhre sahen wir, daß es Leute von unserer „Partei" waren. Bei der dritten Fahrt war Ottilie schon mit dabei.

Die Gauleitung von Nürnberg hatte sich etliche Tage vorher nach Eichstätt abgesetzt und wohnte im Hause des weiblichen Arbeitsdienstes. Sie brachten auch einen Lastwagen voll Kisten mit, die sie in diesem Hause lagerten. Als ihnen auch in Eichstätt der Boden zu heiß wurde, verschwanden sie bei Nacht. Ein beherzter Nachbar schaute in dem leeren Hause nach, was die geheimnisvollen Kisten enthielten. Er traute der Aufschrift „Kochsalz" nicht, dafür waren ihm die Kisten zu massiv gemacht und mit Eisen beschlagen, er schaute hinein. Es war schwerer Sprengstoff. Bei einem Beschuß wäre die ganze Ostenvorstadt vernichtet worden. Mit einigen beherzten Männern fuhr er die Kisten in die nahe Altmühl. Auch wir sind bedroht, sagte Ottilie und half wacker mit, bis die letzten versenkt waren. Eine leere Kiste nahm sie sich als Andenken an die Tat mit nach Hause. In diese hatte ich nach ihrem Tode Sachen von der Resl gepackt und nach Konnersreuth geschickt.

Als Ottilie Drittordensvorsteherin von Eichstätt war, verwandelte sich ihre Wohnung in der Vorweihnachtszeit in eine große Backstube. Was an Mehl, Butter, Eiern, Zucker gespendet wurde, verarbeitete Ottilie zu bestem Weihnachtsgebäck. Sie hatte großes Geschick im Backen und garnieren. Waschkörbe voll Plätzchen konnten so zu Nikolaus und Weihnachten an alte und einsame Leute zur Verteilung kommen. Die Beschenkten hatten bestimmt keine größere Freude wie Ottilie bei der Herstellung.

Nach dem Kriege kamen Verwandte des Fürsten Waldburg-Zeil ins Wutzhaus. Sie hatten aus Schlesien fliehen müssen und fanden mit ihren Kindern in Eichstätt für Jahre eine Heimat. Und Ottilie betreute weiter.

Hier möchte ich noch etwas erzählen, was die Wahrheitsliebe der Neumanns charakterisiert. Ich habe die Trilogie „Apollonia" von Peter Dörfler gelesen und darüber begeistert der Ottilie erzählt. So las auch Ottilie in diesem Buch. Als ich einmal vom Geschäft heimkam, traf ich sie lesend und weinend über dem Buch. „Da brauchst du nicht weinen", sagte ich, „ist ja nur ein Roman." „Das ist also nicht Wahrheit?", fragte sie. Als ich dies bestätigte, legte sie das Buch weg. „Ich dumme Gans", sagte sie, „vertu' meine kostbare Zeit mit Geschichten lesen, die nur erdichtet sind." Sie hat das Buch nicht mehr angeschaut. Das war ihr erster und letzter Roman. Auch von Resl weiß ich, daß sie nie einen Roman gelesen hat.

Ganz schön waren die Abende, wenn Ottilie die vielen Fotographien von Resl ordnete und ins Album klebte. Es waren Bilder vom Familien- und Freundeskreis, sie zeigten Resl in ihren Visionen und im Freitagsleiden, auf der Fahrt, mit den Tieren und Blumen. Wieviel Schönes und Wunderbares durfte ich dabei erfahren. Vervollständigt wurde dieses Wissen über Resl in vielen Unterhaltungen mit Herrn Pfarrer Naber und im Umgang mit Resl selbst. Über einiges möchte ich nun berichten.

Resls Jugendjahre und ihre Dienstzeit

Resl war das älteste von elf Kindern. Am 8. April 1898 wurde sie an einem Karfreitag nachts kurz vor zwölf Uhr geboren. In der Geburtsurkunde steht 9. April, wahrscheinlich hielt es die Hebamme nicht für gut, an einem Karfreitag geboren zu sein und verschob die Eintragung um eine Stunde.

Ferdinand Neumann hatte ein sehr verschuldetes Anwesen mit kleiner Landwirtschaft übernommen, als er mit 25 Jahren Anna Grillmeier aus Neudorf heiratete. Das junge Paar hatte es vom ersten Tag an nicht leicht. Frau Neumann war eine sparsame, fleißige und fromme Frau. Im ersten Jahr schon kam die Resl und Jahr für Jahr lag ein Kleines in der Wiege. Elf Kindern schenkte Frau Neumann das Leben. Ein Bub, Engelbert, starb mit drei Jahren.

Vater Neumann war Schneider. Da er gut und billig arbeitete, war er nie ohne Auftrag. Doch es war ein Hungerlohn, um den er arbeiten mußte. Die Versorgung der Landwirtschaft lag fast ausschließlich in der Hand der Neumann-Mutter. Feld und Stall, Hauswesen und die Kinder mußten versorgt werden. Der Mutter blieb keine Zeit, die kleine Resl zu verwöhnen. Schon bald spürte das Kind den Ernst des Lebens. Sie mußte als Älteste die kleinen Geschwister betreuen. In der Schule fiel Resl nicht auf. Sie war wie alle anderen Mädchen ihres Alters, nur nüchterner und ernster. Das Schulzeugnis, das ich gesehen, war sehr gut. Puppenspielen kannte sie nicht, auch für Märchen hatte sie kein Verständnis. „Das ist doch gelogen", sagte sie zur Lehrerin, als diese den Kindern Märchen erzählte.

1909 wurde Herr Josef Naber Pfarrer in Konnersreuth. Er lebt heute 93jährig noch im Ort. Ihm fiel der Ernst und die Aufgeschlossenheit für alles Religiöse bei der Resl auf. Von Ottilie habe ich erfahren, daß Resl bei der Ersten heiligen Kommunion schon mehr als nur die kleine weiße Hostie sah. Ihr eigenartiges Verhalten wurde ihr als Unandächtigkeit und Zerstreutheit ausgelegt, deswegen sie getadelt wurde. Über das Geschaute schwieg Resl, glaubte sie doch, alle Kinder hätten dasselbe erlebt. Sie wurde mit ihrer kleinen Welt selbst fertig.

Im Neumann-Haus mußte immer gespart werden. Die Schulden wurden wohl weniger, es wurden sogar ein paar Äcker dazugekauft, doch zehn Kinder brauchten täglich zu essen. Die Armut drückte aber die Kinder nicht. Höchstens Unglück im Stall konnte ihre Kindheit trüben. Ottilie erzählte mir, daß sie einmal, alle noch kleine Knirpse, laut weinend um eine erkrankte Kuh gestanden sind.

Mit 13 Jahren ging Resl schon in Taglohn, auf das nahe Gut Fockenfeld, das früher in Klosterbesitz war und später durch ihre Vermittlung wieder Kloster wurde. Mit 14 Jahren trat sie in den Dienst bei Martin Neumann ein und war dort Magd. Es war ein großer Hof mit Gastwirtschaft. Die Arbeit war schwer und lang, das Essen knapp. Wer nicht schnell beim Essen war, bekam nicht viel. Knechte und Mägde saßen um den Tisch, in der Mitte stand die Schüssel. Alles aß aus derselben, denn Teller gab es nicht. So war das Essen kein Vergnügen, eher eine Anstrengung. In einer Dachkammer schlief Resl. Nur die erste Magd hatte ein Bett für sich, die jüngeren mußten zu zweit ein Bett teilen. Im Winter war es oft so kalt, daß der Atem am Bett anfror. Die Tür konnte nicht verschlossen werden, sie wurde von den Mädchen von innen her verrammelt, damit sie nicht von den Knechten belästigt wurden. Konnersreuth war damals nicht das religiöse Dorf, zu dem es später geworden ist. Resls Dienstplatz war zugleich eine Schenke, in welcher sie am Sonntag auch bedienen mußte. Einmal sprang sie, um sich der Zudringlichkeit des Großknechtes zu erwehren, von der Tenne und blieb wie durch ein Wunder unverletzt. Auf freiem Felde konnte sie einer Vergewaltigung nur durch Gottes Hilfe entgehen. Ein in der Nähe weidender Stier vertrieb den Wüstling. Ottilie sagte oft: „Die Mädchen in der Stadt haben es leicht gegen ein Bauernmädchen, das im Dienst steht. In der Stadt kommt selten eine in Gefahr, außer sie sucht dieselbe. Am Land, besonders im Dienst, hat man sich schwer zu wehren. Auch der Resl ist es nicht anders ergangen."

Ihr innigster Wunsch seit Kindestagen war, ins Kloster und in die Mission zu gehen. Seine Verwirklichung stand noch in weiter Ferne. Zu Hause brauchte man ihren Verdienst. Der letzte Pfennig wanderte in die Familienkasse. Es sollte auch die Aussteuer fürs Kloster gespart werden. Es sah recht aussichtslos aus für Resl. Sie tat aber das Wichtigste: Sie bereitete sich innerlich auf diesen Beruf vor. In einem blauen Heft gab sie sich strenge Rechenschaft über ihr Innenleben. Sie versteckte dasselbe im Dachgebälk ihrer Kammer. Leider ist es beim Brand umgekommen. In dieser Zeit war Resl für die anderen Mädchen ein großes Beispiel. Bei der Männerwelt war sie gefürchtet und geachtet. Sie mußte wegen ihrer Frömmigkeit Spott einstecken. Aber ihres Fleißes und Könnens wegen wurde sie von allen geachtet. Sie schaffte wie ein Mann. Zentnersäcke trug sie spielend. Ihre harte, gerade Art, die später die weichlichen Stadtbesucher manchmal abstieß, mag von ihrer so schweren Jugend und noch härteren Dienstzeit gekommen sein.

Als der Weltkrieg ausbrach, wurde sie Großknecht auf dem Hof. Sie säte, pflügte und mähte. Die Arbeit ging ihr von der Hand. Sie verstand und liebte ihren Beruf. Auch ihr Vater mußte an die Front. Die Mutter hätte nun ihre Tochter selbst notwendig gebraucht, doch unentbehrlich war der Verdienst ihrer Ältesten. So leisteten beide harte Männerarbeit, bis der 10. März des Jahres 1918 so entscheidend in Resls Leben eingriff.

Unfall und Krankheit

Es war noch sehr kalt, als an diesem Tag der Schreckensruf „F e u e r" durch das Dorf eilte. Beim Schmied, neben Resls Dienstherrn, war Feuer ausgebrochen. Resl war eine der ersten auf dem Brandplatz. Sie holte das Vieh aus dem Stalle. Löschschlauch gab es damals noch nicht. Es wurde eine Kette gebildet, in der die Wassereimer weitergereicht wurden. Resl stand auf einem Hocker und reichte die schweren Eimer ihrem Dienstherrn hinauf, der das Wasser auf den Brandplatz schüttete. Resl war an diesem Tag nicht gut beisammen. Zwei Stunden schon reichte sie im Tempo Eimer um Eimer. „Reich doch höher!", rief ihr Dienstherr. Resl war vollkommen durchnäßt, sie schwitzte und fror. Wieder wanderte ein Eimer, eine ungeschickte Drehung, sie verspürte heftigen Schmerz in der Wirbelsäule. Beine und Rücken versagten den Dienst, der Schmerz war wahnsinnig. An ein Weiterarbeiten war nicht zu denken und so mußte sie den Brandplatz verlassen. Sie dachte an Hexenschuß und war verärgert, daß ihr dies jetzt passieren mußte. Nach der kurzen Ruhe schleppte sie sich in den Stall, um das Vieh zu füttern. Es war schon Mittag. Sie vermochte sich nicht mehr zu bücken und etwas zu heben. Auch die Stiege zu ihrem Zimmer konnte sie nicht mehr steigen. So ging Resl heim, um sich niederzulegen. Sie hoffte, daß am andern Tag wieder alles gut sei. Sie konnte aufstehen, doch Schwäche und Schmerzen blieben. Auch hatte sie sich eine schwere Erkältung zugezogen und wurde von stechendem Husten geplagt. Dennoch versuchte sie weiter zu arbeiten. Weder ihr Dienstherr noch ihre Angehörigen nahmen die Krankheit ernst. Als sie einen Sack Kartoffeln aus dem Keller holen wollte, stürzte sie mit demselben die Kellerstufen hinab und blieb bewußtlos liegen. Sie zog sich dabei eine Wunde am Hinterkopf zu, die lange eiterte. Ottilie fand sie nach einer Stunde und half ihr die Kellertreppe herauf. Als sie ihrem Dienstherrn sagte, sie könne nicht mit aufs Feld, meinte er, dann solle sie wenigstens im Stall arbeiten. Als sich ihr Zustand verschlechterte, führte eine Nachbarin sie heim.

Resl litt sehr darunter, daß sie nicht mehr arbeiten konnte, ja nun anderen Arbeit machte. Sie wollte so rasch wie möglich gesund werden. Man brachte sie ins Krankenhaus nach Waldsassen. Doch mußte sie dasselbe nach einigen Wochen ungeheilt wieder verlassen. Das Liegen und Ausruhen hatte ihre robuste Natur soweit wieder gestärkt, daß sie im Elternhaus kleine Arbeiten verrichten konnte. Das führte zu einem neuen Unfall, sie hatte eben im Rücken keinen Halt mehr. Einmal fiel sie im Stadel von der Leiter. Noch mehrmals zwang sie sich zur Arbeit, doch weitere Stürze verschlimmerten ihr Leiden. Eine Grippewelle ließ alle Neumann-Kinder schwer erkranken. Resls geschwächten Körper ergriff sie doppelt schwer. Der behandelnde Arzt tröstete alle mit den Worten: „Du wirst wieder gesund", bei Resl angekommen stockte er und sagte: „Du wirst vielleicht wieder gesund werden!" Ihr Zustand verschlechterte sich zusehends. Sie war nun ganz an das Bett gefesselt, die Lähmung ergriff vom Rücken aus den ganzen Körper. Dazu kamen noch Magenkrämpfe und Erbrechen. Sie konnte ab 1922 nichts Festes genießen. Vom langen Liegen zeigten sich am ganzen Körper handgroße, eiternde Druckwunden, denn seit Monaten konnte sie das Bett nicht mehr verlassen. Zur Lähmung kam nach zwei Jahren noch völlige Erblindung, verbunden mit starken Kopfschmerzen. Wer Resl und ihr cholerisches Temperament kannte, der kann ermessen, welche Kraft es sie gekostet hat, sich durchzuringen, ja sich völlig hinzugeben in den Willen Gottes.

Ihren Herzenswunsch, in die Mission zu gehen, mußte sie aufgeben. Das Arbeiten und Verdienen war zu Ende. In qualvollen, einsamen Tagen und Nächten ist sie herangereift zu dem, was Gott mit ihr vorhatte.

Resl lag in einer Kammer über der Schneiderwerkstatt ihres Vaters. Wenn sie etwas brauchte, klopfte sie mit dem Stock auf den Boden. Waren die Eltern auf dem Feld, so mußten die jüngeren Brüder nach der Resl schauen. Sie vergaßen gar oft darauf, wenn sie beim Spielen waren. Es passierte, daß sie, vom Krampf geschüttelt, aus dem Bett fiel und stundenlang ohne Hilfe war. Resl und ihre Familie trugen schweigend ihr großes Leid.

Doch nicht nur Elend gab es in diesem Krankenzimmer. Ottilie erzählte mir oft, daß sie die schönsten Stunden im Krankenzimmer der Resl verbrachte. Resl selbst sprach ein paarmal zu mir von der schönen Zeit ihrer Krankheit. Sonntags trafen sich gleichgesinnte Mädchen bei ihr. Es wurde erzählt und gesungen, doch meistens über religiöse Dinge gesprochen. Zu lesen gab es damals nichts als die Heftchen „Rosenhain" und „Notburga". Einmal lasen sie auch darin einen Bericht über die „kleine Theresia vom Kinde Jesu". Resl faßte eine tiefe Verehrung zu ihr. Ottilie sagte mir: „Diese Stunden gaben Kraft für die kommende schwere Woche". Ottilie nahm nach Resls Erkrankung deren Dienstplatz ein. Sie war sehr musikalisch, lustig und lachte gern. Zu gerne hätte sie auch getanzt! In der Wirtschaft hätte es an Gelegenheit nicht gefehlt. Doch der Gedanke an ihre kranke Schwester und ihre sonntäglichen Gespräche ließen alle Wünsche verstummen.

Resl stand durch ihre Erkrankung nicht abseits in der Familie. Jeder Kauf oder Verkauf im Stall wurde mit der Ältesten besprochen. Sie erkannte, daß nun Leiden und Sühnen die Aufgabe ihres Lebens sei. Nicht nur ihr eigenes Leiden bewältigte sie. Als ihr Vater schwer an Rheuma erkrankte und nicht mehr arbeiten konnte, bat sie Gott, er möge doch ihr die Krankheit schicken und den Vater davon befreien. So geschah es auch. Der Vater war gesund, Resl aber litt lange an starken Rheumaschmerzen. Dieses stellvertretende Leiden geschah nun oft in ihrem Leben.

Sechs Jahre Lähmung und Leiden aller Art, vier Jahre Blindheit haben das 24jährige Mädchen reif gemacht für das Außergewöhnliche, das nun über sie kommen sollte.

Ihre Heilung

An eine Besserung oder Heilung von ärztlicher Seite her glaubten weder Resl noch ihre Eltern. Sie waren nur mehr darauf bedacht, wenigstens eine Linderung ihrer großen Schmerzen durch Arzneien zu erreichen. So fuhr Herr Neumann wieder einmal zu einem Naturheilkundigen nach Neustadt a. d. Waldnaab, um Tee für die Magengeschwüre und Krämpfe zu holen. Er verabschiedete sich früh sechs Uhr von seiner Tochter. Es war der 29. April 1923. Als er gegangen war, schlief Resl nochmal ein. Sie glaubte zu träumen, als sie nach einer halben Stunde erwachte und die Bilder an der Wand sah. Sie rieb sich die Augen! Es war Wirklichkeit! Sie erkannte die Gegenstände im Zimmer. Da klopfte sie mit dem Stock ihrer Mutter. Diese konnte es nicht glauben, nahm einen Blumenstock vom Fenster und hielt ihn der Resl hin. Diese griff in die Blüten und erklärte deren Farbe. Als ihre Schwestern Cenzi und Ottilie, die man gerufen hatte, ins Zimmer kamen, erkannte die Resl sie nicht mehr. In diesen vier Jahren sind aus Kindern kräftige Mädchen geworden. Ottilie erzählte mir: „Wir standen um das Bett und weinten vor Freude." Als ihr Vater heimkam, konnte sie ihn nach langen Jahren wieder sehen und war erschrocken, weil er so gealtert war. Dr. Seidl, den man von der plötzlichen Heilung verständigte, konnte sich dieselbe auf natürliche Weise nicht erklären.

Resl und ihre tieffrommen Eltern schrieben die Heilung der Kleinen Theresia zu. Der 29. April 1923 war ihr Seligsprechungstag.

Das Leben ging weiter im Neumann-Haus. Man machte von dem Ereignis nicht viel Aufhebens. Alle waren froh, daß die Resl wenigstens wieder sah. Herr Pfarrer Naber kam, die Kranke weiter zu besuchen, hörte ihre Beichte und brachte ihr die heilige Kommunion.

Lähmung und Schmerzen blieben, ebenso Magengeschwüre und Erbrechen. Ja, ihr Gesamtzustand verschlechterte sich. Neue Leiden kamen hinzu. Das Umbetten löste heftige Schmerzen und Krämpfe aus. Ohren- und Halsgeschwüre traten auf, ihr linkes Bein verkrampfte sich, sie konnte es nicht mehr strecken, so daß das rechte Bein auf dem linken Fuß auflag. Das verursachte tiefe Druckwunden, bis auf den Knochen. Als Dr. Seidl wieder einmal die eiternden Wunden untersuchte, sagte er zur Mutter, er wisse sich keinen anderen Rat mehr, die Resl müsse ins Krankenhaus zur Amputation des Beines. Das war für die Neumannmutter eine große Sorge und sie weinte bitterlich. Da betete Resl, es möge doch der Mutter wegen dieses Leiden von ihr genommen werden. Dies war anfangs Mai 1925. Ihre Schwester Cenzl legte ihr einen neuen Verband an und schob in denselben Rosenblätter vom Grab der kleinen Theresia. Plötzlich spürte Resl ein starkes Jucken am kranken Bein. Der Schmerz war weg. Sie bat, man möge ihr den Verband abnehmen und nachschauen. Mangels Zeit unterblieb dies. Als am anderen Tag der Verband abgenommen wurde, war er von Blut und Eiter durchtränkt. Die Wunden aber waren mit einem hellen frischen Häutchen geschlossen. Die schweren Aufliegewunden waren plötzlich geheilt worden und der Fuß brauchte nicht abgenommen zu werden.

Es kam der 17. Mai 1925, der Heiligsprechungstag der Kleinen Theresia vom Kinde Jesu. Resl lag allein in ihrer Kammer und betete den Rosenkranz. Plötzlich hörten die Eltern sie laut rufen. Als sie in die Kammer kamen, sahen sie die Resl wach, aber wie abwesend daliegen, ihr Gesicht strahlte. Sie nickte und streckte die Hände ehrfürchtig nach jemand aus. Auf Anrufen und Anrühren reagierte sie nicht. Sie richtete sich plötzlich auf und ihr ganzer Körper streckte sich. Das kranke verkrampfte Bein wurde biegsam und gerade. Als Resl wieder zu sich kam, schaute sie erstaunt auf die vielen Leute in ihrem Zimmer. Man hatte auch Herrn Pfarrer Naber gerufen.

Sie fragten: „Resl, was ist mit dir, was hast du denn jetzt gehabt?" Da sagte sie: „Ich kann nun aufsitzen und gehen, bringt mir mein Gewand!" Da schauten sich die Schwestern verlegen an. Während der langen Krankheit hatten sie Resls Kleider angezogen und verbraucht. Niemand in der Familie glaubte, daß Resl dieselben jemals wieder brauchen würde. Da erzählte Resl: Plötzlich sei um sie ein starkes Licht gewesen. Sie sei sehr erschrocken und habe gerufen. Dann habe eine Stimme sie freundlich gefragt: „Resl, willst du gesund werden?" Sie habe geantwortet: „Mir ist alles recht, Leben oder Sterben, Gesundwerden oder Krankbleiben, wie es der liebe Gott will, er versteht es am besten." Die Stimme fragte wieder: „Würde es dich freuen, wenn du heute aufstehen und gehen könntest?" Resl darauf: „Mich freut alles, was vom lieben Gott kommt." Die Stimme sagte: „Du sollst eine kleine Freude erleben, du kannst dich aufsetzen, ich helfe dir." Sie wurde an der rechten Hand emporgezogen. Dabei spürte sie einen heftigen Schmerz im Kreuz. Die Anwesenden staunten, als sich Resl nach sechsjähriger Lähmung ohne Hilfe aufrichten konnte. Die Stimme aus dem Licht erklärte weiter: „Leiden sollst du noch viel und lange und kein Arzt kann dir helfen. Nur durch Leiden kannst du deinen Opferwillen am besten auswirken. Durch Leiden werden weit mehr Seelen gerettet als durch die glänzendsten Predigten. Ich habe es früher schon geschrieben!"

Diese Bemerkung führte nachträglich zu der Erkenntnis, daß es die Kleine hl. Theresia war, die zur Resl sprach. Die Stimme fügte noch hinzu: „Du kannst auch gehen."

Als das Licht verschwand, war Resl sehr traurig. Körperlich aber fühlte sie sich wohl. Die Mutter reichte ihr ein Kleid. Resl stand nach sechs Jahren zum erstenmal wieder auf den Beinen. Auf einen Stock gestützt, ging sie durchs Zimmer. Am Sterbetag der hl. Theresia vom Kinde Jesu erschien der Resl das gleiche Licht und die Stimme sprach: „Du darfst jetzt ohne fremde Hilfe gehen, muntere die Leute zum Gottvertrauen auf. Du sollst dem eigenen Ich immer mehr absterben. Bleibe immer so kindlich einfältig!" Seitdem konnte sich Resl wieder ganz ungehindert bewegen. Am glücklichsten war sie darüber, daß sie die Kirche wieder besuchen konnte.

Am 13. November 1925 erkrankte Resl wiederum schwer. Sie hatte hohes Fieber und große Schmerzen. Als Umschläge und Schwitzpackungen nichts halfen — so kurierte die Neumannmutter alle Erkankungen ihrer Kinder — rief man den Arzt Dr. Seidl. Er stellte eine akute Blinddarmentzündung fest und drängte auf sofortige Operation. Es war schon spät abends, als Neumannvater im Dorf nach einem Wagen schaute. Unterdessen packte die Mutter weinend Wäsche für Resl zusammen. Da erfaßte Resl ein großes Mitleid mit ihr, der sie durch ihr dauerndes Kranksein soviel Kummer und Mühe bereitete. Sie betete innig zur Kleinen hl. Theresia, die ihr einmal gesagt hatte, daß kein Arzt ihr helfen könne, und sie legte eine Reliquie von ihr auf die schmerzende Stelle. Plötzlich kam wieder das Licht. Resl richtete sich auf, ihr Gesicht war wie verklärt. Die Erscheinung dauerte nur kurz. Aus dem hellen Licht sprach eine Stimme: „Deine Leidensfreudigkeit freut uns, bleib immer so kindlich einfältig. Damit die Welt erkenne, daß es ein höheres Eingreifen gibt, sollst du jetzt nicht geschnitten werden. Steh auf und gehe in die Kirche, Gott zu danken." Als die Erscheinung vorüber war, sagte Resl: „Ich bin geheilt, die Stimme hat verlangt, in die Kirche zu gehen und Gott zu danken." Neumannmutter schüttelte den Kopf, aber sie war bei der Resl nun schon vieles gewöhnt. Es war Nacht, als der kleine Zug in die Kirche ging, Gott zu danken. Herrn Dr. Seidl verständigte man von der plötzlichen Heilung. Bei Resl gingen während der Nacht Eiter, Blut und der Blinddarm auf natürliche Weise ab. Am nächsten Morgen ging sie zur heiligen Messe. Eine Nachuntersuchung bei Dr. Seidl ergab: Geheilt, doch auf natürliche Weise nicht zu erklären!

Passion und Stigmatisierung

Es begann die Fastenzeit 1926. Schon während der Faschingszeit litt Resl schwer unter Kopfschmerzen und hatte Geschwüre im Ohr. Sie opferte dieses Leiden auf für die Sünden des Faschings. Sie liebte es, in langen schlaflosen Nächten das Leiden Christi zu betrachten. Mit Beginn der Fastenzeit fühlte sie sich aber so elend, daß sie auch das nicht mehr konnte. Von Donnerstag auf Freitag in der ersten Fastenwoche lag sie wach, ihr war elend und schwach, sie konnte weder denken noch beten.

Plötzlich schaute sie den Heiland am Ölberg, sie schaute den Garten, sah die drei schlafenden Jünger. Es erfaßte sie ein großes Erbarmen und ein heftiges Mitleid. Da schaute sie der Heiland gut an. Dabei empfand sie so großen Schmerz in der Herzgegend, daß sie meinte, sterben zu müssen. Gleichzeitig fühlte sie es warm aus dem Herzen rinnen. Als sie im natürlichen Zustand sah, daß es Blut war, erschrak sie sehr. Sie legte ein zusammengefaltetes Leinentuch auf die Wunde. Am Samstag schloß sich diese. Ihre Schweter Cenzi, mit der Resl ihr Zimmer teilte, merkte, wie sie das blutdurchtränkte Tuch verstecken wollte. Resl bat sie, davon doch nichts den Eltern zu sagen. Resl wußte nicht, was die Wunde bedeuten sollte, sie hielt dieselbe für eine neue Krankheit und wollte die Eltern damit nicht erschrecken. Acht Tage darauf geschah ihr wieder so. Sie sah den Heiland auf dem Ölberg, diesmal auch seine Gefangennahme, bis zur Geißelsäule. Die Herzwunde blutete wieder. Cenzl schwieg, so blieb den Eltern alles verborgen. Von Gründonnerstag auf Karfreitag schaute Resl das ganze Leiden Christi bis zur Kreuzigung. Das Leiden begann Donnerstag nachts 11 Uhr und dauerte bis Freitag nachmittag gegen 3 Uhr. Nun war nichts mehr zu verheimlichen, die Herzwunde, die sehr breit und tief war, blutete heftig. Auch zeigten sich zum erstenmal die Wundmale an Händen und Füßen. Über das Geschaute schwieg Resl. Auch die neuen Wunden hielt sie für eine Krankheit, von Stigmen hatte sie noch nie etwas gehört. Die Eltern waren über die Wunden sehr erschrocken, auch Pfarrer Naber. Das ruhige Dorf kam in Aufruhr, die Presse erfuhr davon und brachte das seltsame Geschehen an die Öffentlichkeit. Die Welt horchte auf. Währenddessen versuchten die Eltern und Dr. Seidl mit allen Mitteln die Wunden zum Heilen zu bringen. Mit Salben und Verbänden wurden dieselben behandelt. Es half nichts, Salben verursachten heftige Schmerzen und Entzündung. So ließ man sie gehen. An den Handrücken waren die Wunden erst rund, etwas erhöht und mit einem glänzenden, dünnen Häutchen überzogen. Später wurden sie viereckig. In den Handflächen waren sie wie Schlitze. Resl hat dieselben immer mit Leukoplast verklebt, um sich beim Arbeiten nicht zu verletzen. Die Fußwunden waren etwas größer und verursachten beim Gehen Schmerzen. Die Farbe der Wundmale war dunkelrot. Resl konnte nur weiche Schuhe tragen und trat seitlich auf. Daher der etwas schleifende Gang. Die Herzwunde war bei ihr auf der linken Seite, obwohl die Lanze beim Kreuzestod Christi von rechts zum Herzen gestoßen wurde. So schaute es Resl bei einer Vision. Die Durchleuchtung bei der Lungen-Reihen-Untersuchung mußte auch diese Herzwunde zeigen. Sie wurde im Krankenhaus Waldsassen aufgenommen. Soviel ich von Ottilie weiß, wurde ein sehr genaues Bild gemacht. Die Wunden haben sich in den 36 Jahren nie entzündet, sie sind beim Leiden aufgebrochen und haben sich hernach wieder mit einem Häutchen geschlossen.

Resl hatte nun an allen gewöhnlichen Freitagen die Leidensvisionen. Leidensfrei waren die Freitage zwischen Ostern und dem Herz-Jesu-Fest, sowie alle Freitage, die auf ein Fest oder in die Oktav eines Festes fielen. Auch wenn Resl sehr leidend war, konnte das Freitagsleiden ganz oder teilweise ausfallen. In den letzten Lebensjahren blieb es außerhalb der Fastenzeit im wesentlichen auf die Herz-Jesu-Freitage beschränkt.

Ich durfte an Freitagen in der Fastenzeit und an gewöhnlichen Freitagen bei der Resl sein und habe genau beobachten können. Nur in der Fastenzeit bluteten alle Wunden. Am Mienenspiel der Resl konnte man die einzelnen Leidensstationen erkennen. So bemühte sie sich nach der Dornenkrönung, die Dornen aus dem Kopf zu ziehen, genau an der Stelle, an welcher das weiße Kopftuch frische Blutflecken zeigte. Es waren acht Wunden. Bei der Geißelung zeigten sich Blutspuren auf der weißen Nachtjacke. Während des Kreuztragens fing die Schulterwunde zu bluten an. Es war kein zusammengefügtes Kreuz, das Resl sah, es waren lose Balken, die mit einem Strick zusammengehalten auf der rechten Schulter lagen. Resl war zornig auf Simon, weil er so ungeschickt anfaßte und somit den Sturz des Heilandes verursachte. Simon half nur widerwillig, er wurde gezwungen. Erst als ihn ein göttlicher Blick des Heilandes traf, griff er zu und war eine große Hilfe, da war auch Resl zufrieden mit ihm. Während das Kreuz auf dem Kalvarienberg zusammengefügt wurde, sah Resl, wie man den Heiland in ein Erdloch stieß, das Regenwasser enthielt. Bei der Kreuzigung krampften sich die Hände der Resl zusammen. Herr Pfarrer Naber machte uns, es waren noch mehr Leute im Zimmer, aufmerksam, daß das Blut an den Wundmalen den Gesetzen der Schwerkraft nicht gehorchte, sondern zu den Zehen aufwärts floß. Bei der liegenden Resl hätte das Blut von der Wunde aus zur Ferse fließen müssen. Dies geschah nicht bei der Kreuzigung, sondern erst, wie Resl den Heiland hängend am Kreuze sah.

Man sah, wie Resl auf die rechte und linke Seite zu den beiden Schächern blickte und hinhorchte, sah, wie sie unter das Kreuz zur Mutter Christi schaute. Sie litt den schrecklichen Durst mit. Des öfteren stellten sich bei der Kreuzigung schwere Erstickungsanfälle bei der Resl ein. Herr Pfarrer und die Angehörigen glaubten erst, diese kämen von der schlechten Luft im Zimmer. Resls Zimmer war nicht groß, auch war es sehr niedrig. An den Freitagen in der Fastenzeit kamen oft Tausende von Menschen in die Stube. Wenn es draußen naß war, trug jeder Schmutz mit herein, der im Zimmer trocknete und zu Staub wurde. Die Fenster konnten nicht geöffnet werden, denn während der Schauung saß Resl im Bett und wäre so einer Erkältung ausgesetzt gewesen. So bauten ihre Brüder einen Ventilator ein, doch die Erstickungsanfälle blieben. Ein Arzt erklärte Herrn Pfarrer einmal, daß der Kreuzestod zugleich auch ein Ersticken gewesen sei, daß also diese Anfälle nicht mit der schlechten Luft zusammenhängen würden. So gegen 1 Uhr sank Resl wie tot in die Kissen zurück. Vom Beginn des Leidens an merkte Resl nicht, was um sie vorging, sah nicht die vielen Menschen, die in ihr Zimmer kamen. Sie war mit Seele und Leib in einer anderen Welt. An gewöhnlichen Leidensfreitagen kehrte sie erst gegen Abend in ihren Normalzustand zurück. Nach den Visionen war sie im Zustand des „Eingenommenseins". Hier erzählte sie, wenn sie gefragt wurde, bis ins einzelne, was sie geschaut und erlebt hatte. In Eichstätt erzählte sie mir in diesem Zustand den Beginn ihres Leidens und wie sie die Herzwunde erhalten hat.

Nach dem Karfreitagsleiden lag sie zumeist in tiefem Schlaf bis zum Ostersonntag früh 5 Uhr. Unterbrochen wurde dieser von geschichtlichen Schauungen. Erst nach der Auferstehungsvision am Ostermorgen kam sie in den Normalzustand zurück. Nach den Freitagsleiden hat Mutter Neumann das Blut mit lauwarmem Wasser von der Resl abgewaschen. Dies mußte bald geschehen, bevor das Blut verkrustete und sich in die Haut einfraß. In Eichstätt tat dies Ottilie. Besonders schwer war es, die blutverklebten Haare zu reinigen. Die Karfreitagsnachtjäckchen und Kopftücher wurden nicht gewaschen, diese hat Ottilie aufgehoben, auch die Kompressen der Herzwunde. Als ich nach dem Tod von Ottilie alles in einen Karton packte und nach Konnersreuth schickte, fiel mir auf, daß dieses Blut keinen Geruch hatte, obwohl an den Herzkompressen ganze Klumpen geronnenen Blutes klebten.

Nahrungslosigkeit und Untersuchung

Mit der Stigmatisation hörte auch die flüssige Nahrungsaufnahme auf. Resl lebte nur mehr von der heiligen Kommunion. In der Öffentlichkeit war gerade die Nahrungslosigkeit bis zu ihrem Tode schwer umstritten. Die Kirche konnte nicht mehr abseits stehen. Sie verlangte eine strenge, ärztliche Untersuchung. Weder die Eltern noch die Resl noch Herr Pfarrer Naber wehrten sich dagegen. Die Vorbereitung dieser Untersuchung lag in den Händen des Ordinariates in Regensburg. Dr. Seidl und Professor Dr. Ewald, Erlangen, waren die untersuchenden Ärzte. Vier Mallersdorfer Schwestern wurden ausgewählt und vereidigt. Sie waren medizinisch geschulte Krankenschwestern und der Resl vollkommen fremd. Dr. Ewald war evangelisch. Herrn Dr. Seidl lag alles daran, diesen außergewöhnlichen Fall zu klären. Die Überwachung wurde im Hause der Familie Neumann in Konnersreuth durchgeführt. Die Untersuchung dauerte 15 Tage. Resl wurde Tag und Nacht bewacht, auch in der Kirche. Täglich wurde sie gewogen, Bett und Zimmer von den Schwestern in Ordnung gebracht, sogar gewaschen wurde sie von den Schwestern. Das Mundwasser wurde vor und nach dem Zähneputzen gemessen. Der Resl kamen diese Kleinlichkeiten lächerlich vor. Doch sie ließ alles widerspruchslos über sich ergehen. Die Ärzte untersuchten genauestens. Resl sagte hierüber einmal zu mir: „Einer Dirne wäre es nicht schlechter ergangen." Das Sonderbare war, daß Resl an Gewicht ab- und zunahm. Diese Gewichtsabnahmen von drei und acht Pfund hingen mit dem Freitagsleiden zusammen. Nach 15 Tagen hatte sie das gleiche Gewicht wie zu Beginn der Untersuchung, nämlich 110 Pfund.

Die vier Schwestern mußten über alles genau Buch führen, was Resl getan und geredet, wie lange sie geschlafen hatte usw. Diese Aufzeichnungen hierüber liegen im Ordinariat Regensburg, ebenso die Photographien der Wundmale an Händen und Füßen und die einzige Aufnahme der Herzwunde. Das Ergebnis der Untersuchung war die einwandfreie Feststellung, daß Resl in den 15 Tagen der Überwachung, abgesehen von der heiligen Hostie, nicht das Geringste gegessen und getrunken hatte. Diese Untersuchung genügte aber den Zweiflern nicht.

Das Ordinariat Regensburg ließ sich von ihnen beeinflussen und wünschte, daß sich Resl einer erneuten Untersuchung in einer Klinik stellen solle. Vater Neumann sagte aber entschieden „Nein!" Er war über die erste Untersuchung seiner Tochter verärgert. Ärzte und die Welt mögen freier denken in diesen Dingen, die Neumanneltern aber meinten, eine so intime körperliche Untersuchung, wie sie bei der Überwachung 1927 vorgenommen worden war und vielleicht wieder geplant sei, gehe zu weit. Das habe mit der Nahrungslosigkeit nichts mehr zu tun. Vater Neumann sagte: „Man hat mich um die Einwilligung zu einer einmaligen Untersuchung gebeten. Diese hat stattgefunden. Wenn ihr meint, etwas versäumt zu haben, ist es eure Schuld. Wir wollen von niemand etwas, man möge uns in Ruhe lassen." Der Brief des Vaters an das Ordinariat in Regensburg war höflich, aber bestimmt. Resl aber glaubte, dem Wunsch des Bischofs trotzdem gehorchen zu müssen und wollte heimlich das Elternhaus verlassen. Dieser Plan wurde von den Eltern entdeckt und verboten.

Als man ihr von kirchlicher Seite Ungehorsam vorwarf, war sie sehr beunruhigt.

Die Eichstätter Professoren Dr. Wutz und besonders der Kirchenrechtler Dr. Josef Lechner klärten Resl auf, daß keine Stelle der Welt sie zwingen könne, sich untersuchen zu lassen. Auch die Kirche könne dies nur wünschen, nicht befehlen, das wäre ein Eingriff in die persönliche Freiheit des Menschen. Sie sei ja keine Ordensperson und richte auch an kirchliche Stellen keine Forderungen. Somit könne auch kein Ungehorsam vorliegen. Als Resl von so berufenem Munde dies hörte, war sie ruhig. Professor Lechner sagte ihr auch, daß sie sich nach dem Wunsche der Eltern zu richten habe, weil sie, obwohl volljährig, durch ihre Krankheit von ihnen abhängig sei.

Professor Lechner war es auch, der sich ganz besonders während des Dritten Reiches schützend vor Resl stellte und eine Untersuchung verhinderte. Gewisse Kreise, die in ihrer Naivität immer wieder eine Untersuchung der Resl in einer nichtkatholischen Klinik forderten, hätten es den Nazis leicht gemacht, die Resl zu beseitigen, die ihnen manchmal recht unbequem wurde. Wie sagte doch einer von ihnen in seiner Arglosigkeit: Die Hitler tun der Kirche nichts, er hat sich später schwer korrigieren müssen.

Auch Professor Wutz war gegen eine nochmalige Untersuchung und bestärkte die Eltern in ihrer Ablehnung: „Wenn ihr nachgebt", sagte er, „nimmt das Untersuchen kein Ende mehr!" Resl und das Übernatürliche an ihr würden nur zum Streitfall für Ärzte und Kliniken; erklären und begreifen könne Konnersreuth nur der Glaube, nicht die Wissenschaft.

Ich kann mir nicht vorstellen, daß man 36 Jahre heimlich essen kann. Unwillkürlich und gedankenlos steckt man einmal etwas in den Mund. Schließlich hat Resl nicht für sich im stillen Kämmerlein gelebt. Sie war ständig unter Menschen, wurde viel eingeladen und war oft auf Reisen und auch mit Andersgläubigen beisammen. Auch hatte Resl kein zartes Figürchen, das mit wenig Essen ausgekommen wäre. Sie glich ihrer Schwester Ottilie, wenn diese lange gearbeitet hatte, wurde ihr oft schlecht vor Hunger. Resl war oft von früh bis spät in die Nacht keine Minute allein, es wäre ihr nicht anders wie Ottilie ergangen, sie hätte ihren Hunger nicht verheimlichen können. Wer ißt — um klar zu reden —, hat auch Ausscheidung. Beides läßt sich nicht Jahrzehnte verheimlichen. Resl hatte seit Jahrzehnten keinerlei Ausscheidung mehr. Ich war zehn Wochen ganz um Resl, konnte zu jeder Zeit und ohne anzuklopfen in ihr Zimmer. Half mit, ihr Zimmer zu reinigen. Ich wäre bestimmt auf verborgene Lebensmittel gekommen. Als Geschäftsfrau ist man wach und sieht schnell, das bringt der Beruf mit sich. Ich wohnte in Eichstätt oft wochenlang mit Resl zusammen, habe ihr kleines Köfferchen mit ein- und ausgepackt, ich habe nichts Verdächtiges gesehen. 36 Jahre lang Essen und Trinken und jegliche Ausscheidung zu verheimlichen, noch dazu wenn Tausende scharf beobachteten, wäre ein ebenso großes Wunder als ihre Nahrungslosigkeit.

Als bei Famile Neumann einmal alles auf dem Felde war, bin ich mit Resl allein zu Hause geblieben. Ich kochte für alle das Mittagessen. Ich rührte eben mit dem Kochlöffel das Essen um und sagte zu Resl, die neben mir stand: „Probier einmal, ob ich gut gewürzt habe" und hielt ihr den Kochlöffel hin. Da schüttelte sie sich. „Nun, da kannst du doch mit der Zunge daran lecken", sagte ich. Da erklärte mir Resl: „Schau, das kann ich nicht! Selbst wenn die Lippen spröd sind, aufreißen und bluten, darf ich nicht mit der Zunge daran lecken, sonst würgt es mich." Ich frug sie, ob sie nie Hunger verspüre, ob sie freiwillig auf das Essen verzichte, oder nichts essen könne. Da wurde sie traurig und sagte: „Oft schon habe ich den Heiland gebeten, mich auch essen zu lassen wie andere Leute! Meinst du, daß es für mich leicht ist, als Schwindlerin hingestellt zu werden. Ich kann nicht essen, habe auch nie ein Hungergefühl."

Als ein Besuch einmal zu ihr sagte: „Wie wunderbar, von nichts zu leben", erwiderte Resl schlagfertig: „Ebenso wunderbar, von einem Stück Brot zu leben. Beides ist ein Wunder, das eine fällt nur mehr auf, weil es selten ist." Ob in Eichstätt oder Konnersreuth, wenn zum Essen gerufen wurde, kam auch Resl. Sie betete das Tischgebet mit und setzte sich mit an den Tisch, sie bediente, sie schöpfte heraus und unterhielt uns. Ihre Nahrungslosigkeit wurde von ihr und uns ganz natürlich hingenommen.

Ich arbeitete mit der Resl einmal im Garten, die Mittagszeit war schon längst vorüber. Ich verspürte richtig Hunger. Ich sagte davon nichts der Resl, ich wollte sie in ihrer Arbeitsbegeisterung nicht stören. So gegen 15 Uhr kam ihre Mutter in den Garten und brachte mir zu Essen. Sie machte der Resl Vorwürfe: „Warum schickst denn die Anni nicht zum Essen heim, du meinst, wenn du nichts brauchst, haben die anderen auch keinen Hunger."

Nun will ich noch berichten von außergewöhnlichen Dingen, die sich mit der Resl zugetragen haben. Ich habe diese teils selbst miterlebt, teils von Resl oder Ottilie erfahren.

Herr Professor Wutz las in seiner Hauskapelle die heilige Messe. Ottilie und ihr Bruder Ferdl nahmen daran teil. Herr Professor legte auch zwei kleine Hostien auf. Als er beiden die heilige Kommunion reichen wollte, war nur mehr eine Hostie da. Herr Professor wurde sehr unruhig, suchte und fand nichts. Er teilte die eine Hostie zur Kommunion und las die heilige Messe zu Ende. Nachher suchte er nochmals den Altar ab, es war nichts zu finden. So gegen 11 Uhr kam ein Anruf von der Resl. Herr Professor möge sich doch beruhigen. Das mit der heiligen Hostie heute früh habe sich wie folgt zugetragen: Es war ihr nachts nicht gut, so konnte sie die Frühmesse nicht besuchen. Als sie vor 8 Uhr in Konnersreuth zur Kirche ging, um zu kommunizieren, war Herr Pfarrer schon weg zur Schule. Es überkam sie eine starke Sehnsucht zum Heiland. Plötzlich befand sie sich in der Hauskapelle des Wutz-Hauses und nahm dort an der heiligen Messe teil, wo sie auch kommunizierte. Zum Beweis schilderte sie auch den Blumenschmuck der Kapelle und mahnte Ottilie, Wasser nachzugießen, weil die Blumen welk seien.

So konnte Resl auch bei Papstfeiern oder Heiligsprechungen in Rom sein. Sie erzählte Einzelheiten, die später auch in der Zeitung standen. Als Papst Pius XII. starb, war Resl in seinem Sterbezimmer. Über manches in seiner Umgebung war sie recht ungehalten.

Paul Lütten feierte in Wolferstadt Nachprimiz. Er war Konvertit, Spätberufener, früher Tanzlehrer. Er studierte dann in Eichstätt Theologie. Viel war er im Wutzhaus. Also mußte auch Resl in seine Primiz. Es war sehr heiß, die Anstrengung für Resl sehr groß. Sie erlitt einen Hitzschlag, es war anfangs Juli 1940. Es trat eine halbseitige Lähmung ein und Resl konnte kaum mehr sprechen. Während der Vision von Maria Himmelfahrt am 15. August wurde sie plötzlich geheilt.

Paul Lütten wurde kurz darauf eingezogen. Ich sehe ihn heute noch vor mir, diesen lebendigen, eigenwilligen Mann, wie er Ottilie und mir den ersten Meßkoffer zeigte. In München ist er beim Besteigen der Trambahn verunglückt und starb im Krankenhaus am 21. Dezember 1946.

Resl war mit einem Mietauto von Mitterteich unterwegs. Mitten auf der Landstraße blieb das Auto stehen. Das Benzin war aus. Es war Nacht und nirgends welches zu bekommen. Es muß während des Krieges gewesen sein. Da bettelte Resl den Heiland und sagte dann zum Fahrer: „Probieren Sie es doch noch einmal." Der Motor sprang an, sie kamen wohlbehalten nach Hause.

Eines Abends war Äbtissin Benedikta im Wutzhaus. Es ging um eine ernste Angelegenheit. Frau Äbtissin war eine sehr kluge, eigenwillige Persönlichkeit. Sie ließ sich von der Meinung der Resl nicht überzeugen. Da beide an Temperament nicht zu kurz gekommen sind, ging es recht lebhaft her. Frau Äbtissin wollte einen Beweis. Da erbrach Resl die Hostie, so unversehrt, wie sie dieselbe am Morgen empfangen hatte. Sie war recht erschrocken hierüber. Die Hostie lag vor ihr auf ihrem weißen Taschentuch. Resl betete und beugte sich darüber. Da ging die Hostie in sie ein ohne jede Schluckbewegung. Resl kam in den Zustand der „erhobenen Ruhe" und sagte nun der Frau Äbtissin genau, was sie in ihrer schwierigen Angelegenheit tun sollte.

Resl lebte in der ständigen Gegenwart Gottes. Die heilige Hostie löste sich in ihr nicht auf, sondern blieb bis kurz vor dem nächsten Empfang erhalten. Nur in der Adventszeit und gelegentlich auch zu anderen Zeiten schwand das Gefühl der Einwohnung des Heilandes noch am Tage der heiligen Kommunion. Resl hatte dann eine überaus starke Sehnsucht nach dem Heiland. Darum war der Advent für sie eine sehr schwere Zeit.

Abgefallene Geistliche, die sie besuchten, wurden von ihr sofort erkannt. „Diese Hände sind geweiht und haben den Heiland getragen!" Sie brachte manchen dadurch in Verlegenheit. Einen Sprachexperten hatte man zur Resl gerufen, damit er ihr Aramäisch beurteile. Er wurde von ihr mit Hochwürden angesprochen. Die ihn begleitenden Herren waren sprachlos. Sie wußten nicht, daß dieser Herr vor Jahrzehnten katholischer Geistlicher war.

Ebenso spürte sie den Segen von Priestern. Herr Pfarrer Naber segnete vor dem Schlafengehen seine Pfarrei, seine Freunde in der Ferne und auch Resl. Eines Morgens sagte sie: „Herr Pfarrer, gestern sind's aber spät zu Bett gegangen!" – „Woher weißt du denn das?", fragte Herr Pfarrer. „Hab' doch ihren Segen gespürt", antwortete Resl.

Wenn sie in fremde Kirchen kam, sagte sie sofort ohne zu wissen, ob sie katholisch oder evangelisch waren: „Hier ist der Heiland", oder „hier ist der Heiland nicht!" Sie spürte ihn.

Außergewöhnlich waren auch ihre Kenntnisse um Reliquien. Nach der Kommunion im Zustand der erhobenen Ruhe oder auch nach einer Vision im Zustand der Eingenommenheit konnte sie echte von unechten unterscheiden. Vor Jahren ist aus einer Klosterkirche in England ein großer Kreuzpartikel entwendet worden. Da Resl auch in England Freunde hatte, wandten sich diese in ihrer Not an sie. Resl gab ihnen den Bescheid: „Das jetzige Nachforschen würde zu keinem Ergebnis führen, Sie werden aber den Kreuzpatikel nach Jahren unversehrt zurückbekommen." So war es auch! Der Kreuzpartikel wurde unversehrt in einem Versteck zufällig gefunden.

Einige Male nahm Resl an einer Priesterweihe in Eichstätt teil. Bei der Handauflegung sah sie den Hl. Geist als lebendiges Licht auf die Neupriester herabkommen. Das gleiche sah sie bei der Bischofsweihe von H. H. Dr. Joseph Schröffer und H. H. Dr. Rudolf Graber. Nur sei hier das Licht „viel mächtiger" gewesen.

Sie sagte auch schon Jahre voraus, daß Professor Dr. Graber Bischof von Regensburg würde.

Bei einer Vision, die sie in der Kirche zu Konnersreuth hatte, fingen die Wundmale zu leuchten an. Ich habe eine Photogaphie davon im Album der Resl gesehen.

Da Resls Brüder ausgezeichnete Filmamateure sind, liegen sehr viele Bilder von ihr vor. So sind ganze Karfreitagsfilme vorhanden, auch wurden Visionen auf Tonband aufgenommen. In den letzten Jahren wurde der Familie Neumann von einer Filmgesellschaft eine Million geboten, wenn sie das Karfreitagsleiden filmen dürfte. Es wurde abgelehnt.

Ein Bild zeigt Resl aus den Augen blutend, an den Stufen des Altares in der Kapelle des Wutzhauses sitzen. Sie hatte nachts lange in der Kapelle gebetet. Dabei war sie vom Ölbergsleiden überrascht worden. Das aufgeschlagene Gebetbuch, welches sie in der Hand gehalten hatte, war voll Blutstropfen. Bei Visionen wußte Resl von ihrer Umgebung nichts mehr, sie fand darum auch nicht mehr in ihr Zimmer zurück.

Einen Karfreitagsfilm hatte ihr Bruder Ferdl im Auto liegen, als er auf der Rückfahrt von der Schweiz verhaftet wurde. Erst bei ihrem letzten Besuch in Eichstätt fragte ich Resl: „Was ist eigentlich mit diesem Film geworden?" Da sagte sie mir: „Als die Gestapo den Film aufmachte, war alles ausgelöscht. Wie wird der Heiland denen sowas in die Hände geben!"

Bei ihrem letzten Besuch erzählte sie mir auch von der Heilung eines Theologiestudenten. Dieser wurde schwer krank. Der Arzt stellte ein tuberkuloses Halsleiden fest. Somit stand sein Priesterberuf in Frage. Als Resl davon erfuhr, hatte sie Mitleid mit ihm Sie bettelte den Heiland, doch ihr das Halsleiden für ihn zu schicken, damit der junge Mann Priester werden könne. Bald darauf erkrankte Resl an schwerem Halsleiden, das sie lange plagte. Der Theologiestudent wurde gesund und zum Priester geweiht. Während der Feier seines ersten heiligen Meßopfers wurde auch Resl von ihrem Halsleiden befreit.

Es war im Dritten Reich. Wir wollten nachts eine Flugblattaktion starten. Das Paket mit Material hatten wir in der Waschküche im Wutzhaus. Ich saß im Arbeitszimmer mit der Resl und anderen zusammen. Plötzlich schaute Resl das Tagesevangelium. Es war eine Muttergottesvision. Anschließend sagte sie zu mir: „Was ihr heute Nacht tun wollt, das unterlaßt, es droht Gefahr!" Ottilie hat darauf die Flugblätter im Waschkessel verbrannt. Mir taten sie furchtbar leid, sie hatten doch soviel Arbeit gemacht und wir versprachen uns einen großen Erfolg davon. Als ich früh 6 Uhr im Geschäft war, kam schon die Gestapo. Sie hatte eine Großfahndung nach anonymen Spottkartenschreibern an Parteigrößen durchzuführen.

Eines Tages bekam Pfarrer Naber von einem Unbekannten einen Brief. Dieser schrieb: Herr Pfarrer solle ihm sofort 500 Mark schicken, er könne dadurch ein Unglück verhüten. Er werde ihm das Geld wieder zurückbringen. 500 Mark war damals eine große Summe, und Herr Pfarrer war damit nicht gesegnet. Er fragte nach der heiligen Kommunion bei Resl an, was er tun solle. Da hieß es: „Das Geld schicken." Es werde, wie versprochen, im Pfarrhof in einem blauen Kuvert zurückgegeben werden. So geschah es auch.

Allerheiligen war immer ein Freudentag für Resl. Da durfte sie bei ihren Lieben drüben sein. Sie sah dieselben gesund und schön, die Männer mit Bart. Der Kreis von lieben Menschen drüben war in den letzten Jahren größer als ihr Freundeskreis auf der Welt. Wie war sie nach der Schauung immer traurig. Sie wollte dann drüben und nicht mehr auf der Welt sein.

An Allerseelen hatte sie Besuch von den „Bettelkatzln", wie sie die Armen Seelen nannte. An diesem Tag durften sie Resl anbetteln. Resl hat an Allerseelen meist die ganze Nacht durchgebetet. Sie durfte viele vom Fegfeuer erlösen. Sie kamen dann zu ihr, sich zu bedanken. Manche bettelten sie Jahrzehnte lang Jahr für Jahr an. Sie merkte gar keine Veränderung an ihnen. Bei anderen merkte sie, wie sie von Jahr zu Jahr lichter und heller wurden. So betete sie für manche Seele 20 und 30 Jahre lang. Dieselben bedankten sich dann besonders herzlich, wenn sie erlöst waren.

Wenn Resl zu einem Sterbenden gerufen wurde, schaute sie fast jedesmal den Heimgang und das Gericht, welches beim Sterben schon vollzogen wird. Ganz deutlich und genau habe ich das beim Tod ihrer Schwester Ottilie gesehen. Diese erkrankte 1958 schwer und wurde operiert. Nach einer kurzen Besserung wurde sie erneut todkrank. Sie starb 56jährig im Eichstätter Krankenhaus. Mit Ottilie verstand sich Resl am besten. Sie war auch ein selten guter Mensch. Tief fromm, hilfsbereit und immer freundlich. Sie war Drittordensvorsteherin in Eichstätt. Ottilie war besonders beliebt bei den alten und kranken Leuten. Sie ging immer mit der Tasche, in der sie Geschenke hatte. Wenn ich sie Ende des Monats fragte: „Wo hast du nur wieder deinen ganzen Lohn hingebracht?" sagte sie lachend: „Alles weg!" – Sie hatte alles verschenkt. Ich drängte oft, sie solle sich was Neues kaufen, denn ihre Schuhe und Kleider waren geflickt und alt. Da sagte sie nur: „Zu was denn, wer mich so nicht anschauen will, soll wegschauen."

Resl blieb die letzten Wochen vor Ottiliens Tod in Eichstätt. Sie sagte oft zu mir: „Dies Opfer verlangt der Heiland nicht von mir. Die Ottilie bettl' ich ihm ab!" Stundenlang betete sie nachts in der Kapelle. Oft hörte ich sie erst um 2 oder 3 Uhr früh zu Bett gehen.

Ottilie selbst wußte, daß sie sterben werde und bereitete sich darauf vor. Ich mußte ihr das Sterbekleid, Kreuz, Kranz und Kerze bringen. Wir machten zusammen das Testament. „Es muß alles in Ordnung sein", sagte sie zu mir, „nicht daß du erst um alles laufen mußt, wenn ich heimgehe." Lächelnd sagte sie: „Ich richte es schon so ein, daß du dabei bist." Am 1. Mai 1959, einem Herz-Jesu-Freitag, war es so weit. Schwester Audita zündete die Sterbekerze an, Resl wehrte ab. „Schwester, laß das, das hat später noch Zeit." Resl hoffte bis zuletzt. Herr Pater Guardian betete die Sterbegebete. Ich stand zu Füßen von Ottilie. Resl saß seitwärts auf einem Stuhl. Plötzlich sprang sie auf. Sie hatte eine Schauung Im selben Augenblick war der Tod von Ottilie eingetreten. Ich habe es gar nicht bemerkt, so friedlich schlief sie ein. Das Gesicht der Resl war voll Freude und wie verklärt. Am Mienenspiel erkannte man, daß sie an etwas Großem teilnahm. Am Schluß schaute sie nach oben: „Mit", rief sie, ich mußte sie mit Gewalt halten. Im Zustand der Eingenommenheit fragte ich Resl, was sie gesehen. Sie erzählte: Ihre verstorbene Mutter, ihr Bruder Englbert, der 45jährig 1949 gestorben ist, ihr kleines Geschwisterl und Ottiliens Schutzengel kamen, um Ottilie abzuholen. Dann schaute sie den Heiland, der plötzlich da war. Er habe Ottilie gut angeschaut. Im hellen Licht verschwand der Zug. Da wollte auch Resl mit. Als sie wieder zu sich kam und Ottilie tot vor sich liegen sah, sagte sie sehr gefaßt: „Nun ist es also soweit, wir wollen nicht traurig sein, Ottilie ist im Himmel!" Es gab bei ihr kein Jammern. Sie half sofort den Schwestern, Ottilie mit anzuziehen. „Und du, Anni, kümmerst dich um die Überführung und den Sarg." Auch in mir war kein Schmerz, obwohl mir Ottilie alles bedeutete. Ein Omnibus aus Eichstätt fuhr zur Beerdigung nach Konnersreuth. Ich mußte Resl bewundern. Ruhig und beherrscht kümmerte sie sich um alles, sogar um freies Mittagessen für ihre lieben Eichstätter. Im gleichen Jahr starb ihr Vater. Resl schaute auch sein Sterben. Auch hier kamen die Verstorbenen seiner Familie. Seine Frau, sein Sohn Englbert, ein kleines Buberl, Ottilie und sein Schutzengel. Auch schaute sie den Heiland. Als der kleine Zug im Licht entschwand, ließen sie den Vater allein zurück. Er schaute traurig und sehnsüchtig dem Zuge nach. In dem nun folgenden Zustand der

Eingenommenheit äußerte sich Resl unwillig über Ottilie: „Warum nimmt sie den Vater nicht mit? Ich hätte das nicht getan, ich hätte ihn einfach mitgenommen!" Neumannvater hatte nur ein kurzes Fegfeuer. An Weihnachten schaute sie ihn schon im Himmel.

Über die Hölle sprach Resl selten. Auch hatte sie nie darüber eine Schauung. Ich weiß von der Ottilie nur, daß sie einen ihr gut bekannten Mann weder im Fegfeuer noch im Himmel gesehen hat. Er hatte bis zu seinem Tode schlecht und ungläubig gelebt.

Ihre Visionen

Mit der Übernatur hatte Resl einen vertrauten Umgang. Ich hörte sie selten Gott oder Christus sagen. Für sie gab es nur den Namen Heiland. Man spürte aus ihrem ganzen Wesen den vertrauten Umgang mit ihm. 35 Jahre lang schaute sie in Visionen sein ganzes Erdenleben, sein dreijähriges öffentliches Wirken mit den Wundern, die er getan. Sie sah das Land, in dem Christus lebte und wirkte, sah die Menschen um ihn, ihre Häuser und ihre Bräuche. Sie hörte ihre Sprache. Sie ging mit ihm von Bethlehem bis zu seinem Tod auf Kalvaria. Sie sah seine Auferstehung und sein Fortleben in der Kirche und in seinen Heiligen.

Ich habe Resl in vielen ihrer Visionen erlebt. Sie wartete nicht darauf, bereitete sich auch nicht darauf vor. Sie wurde förmlich erfaßt und plötzlich in der Unterhaltung oder von der Arbeit weggerissen. Ich sehe sie noch vor mir, wie während einer Schauung das Strickzeug in ihren Händen baumelte. Sie hatte keine Zeit mehr gehabt, es wegzulegen. In diesem Zustand konnte man sie berühren oder anrufen, ihr in die weit geöffneten Augen greifen, Resl hörte und spürte nichts. Sie stand da auch mit dem ganzen Fuß auf dem Boden und klagte erst nachher über Schmerzen in den Fußwunden. Wie schon erwähnt, trat Resl nur seitlich mit dem Fußrand auf, da durch das ganze Auftreten die Wundmale belastet wurden und Schmerzen verursachten. Resl war auch mit ihren Sinnen in dem Land, das sie schaute. Man sah ihr an, wie sie fror oder Hitze spürte, wie sie die Nase rümpfte bei unangenehmen Gerüchen oder mit Behagen schnupperte beim Duft von Salben und Kräutern. Wer einmal das ganze Mienenspiel der Resl bei Visionen beobachten konnte, hatte an ihrer Echtheit keinen Zweifel mehr. Freude, Schrecken, Staunen, Neugierde, Entsetzen wechselten sekundenschnell in diesem Gesicht. Übernatürlich erstrahlte dasselbe, wenn sie den Heiland schaute oder den Augenblick eines Wunders erlebte. Da wagte sie kaum mehr zu atmen.

Ich will nun über etliche Visionen berichten, die mir noch im Gedächtnis sind.

Nach der Schilderung von Resl kam Maria nicht aus ärmlichen Verhältnissen. Das Haus ihrer Eltern Joachim und Anna schaute sie als ein schönes Steinhaus, wie es nur begüterte Leute hatten. Auch sah Resl Maria in der Tempelschule zu Jerusalem. Es konnten sich nicht alle Eltern leisten, ihre Kinder in die Tempelschule zu schicken. Die Armut begann mit der Geburt ihres Kindes im Stall, aber nur, weil in der Herberge kein Platz war. Sie ging mit bei der Flucht nach Ägypten und hat sie dann nicht mehr verlassen.

So sah Resl Maria und Josef auf ihrer Reise von Nazareth nach Bethlehem. Eine Eselin trug ihr Reisegepäck, Resl schilderte ganz genau dasselbe. Auch die Kleidung von Maria und Josef. Sie sah sie ermüdet nach Bethlehem kommen, ihre vergebliche Suche nach einer Herberge. Sie ließen sich nach ihrer Ankunft sofort einschreiben, obwohl sie wegen der vielen Leute lange warten mußten. Resl sah sie dann zum Stadttor hinauswandern zu einem Stall, den sie genau beschrieb. In einer weiteren Vision schaute sie das Kind in der Krippe.

Bei der Darstellung Jesu im Tempel legt Simeon auch Resl das Kind in die Arme. Diese Seligkeit konnte sie kaum ertragen. Ebenso erging es ihr, als das zweijährige Kind die Weisen aus dem Morgenland begrüßte. Auch Resl durfte dem Kinde die Hand geben. Hierüber ist sie vor Freude einmal ohnmächtig geworden. Den Besuch der Weisen sah sie in mehreren Visionen. Sie sah jeden einzelnen in seinem Land. Nach der Schilderung von Resl waren es wohlhabende Fürsten. In ihren Ländern wurde die Sternkunde eifrig betrieben.

Sie hielten sich eigene Sternkundige und Gelehrte und bauten sich zur Beobachtung der Sterne Türme, die mit Strickleitern zu erklettern waren. Als sie den außergewöhnlichen Stern sahen, waren sie sehr betroffen und schickten Boten zu einander. Dann sah Resl, wie jeder in seinem Land mit großem Gefolge aufbrach und wie sie zusammenkamen. Dann folgten sie miteinander dem Stern. Die Reise dauerte lange und geschah bei Nacht, weil sie bei Tag den Stern nicht schauten. Das Jesuskind war schon etwa zwei Jahre alt. Resl beschrieb genau das Haus, über dem der Stern stehenblieb. Der Stern schien über dem Haus herabzustürzen. Resl sah, wie sich die Tiere vor Schrecken bäumten. Die Weisen waren enttäuscht, als sie in das Haus eintraten und nur die einfache Familie mit dem Kinde sahen. Plötzlich strahlte im Kind die Gottheit durch, da fielen sie nieder und beteten das Kind an. Resl schaute auch in allen Einzelheiten den Bethlehemitischen Kindermord, ebenso die Flucht nach Ägypten. Reich an Schauungen war die Weihnachts- und Osterzeit. Doch auch während des Jahres hatte Resl viele Visionen aus dem Leben Jesu.

Es war im Wutzhaus. Wir hatten viel Besuch. Ottilie und ich richteten uns ein Nachtlager in der Rumpelkammer. Ich war schon zu Bett gegangen. Da kam spät nachts noch Resl herein: „Muß doch schauen, wo ihr schlaft!“ Ich rief ihr zu: „Mach' Licht, sonst trittst du mich ja!“ Wir hatten nur Matratzen auf den Boden gelegt. Da konnte sie herzlich lachen! Sie setzte sich auf eine Kiste und erzählte mir, was tagsüber war. Plötzlich hatte sie eine Schauung. Es war das Tagesevangelium: Die Heilung des Blindgeborenen. Ich war damals noch etwas gehemmt und wagte nicht, nach Einzelheiten zu fragen.

Anschaulich schilderte Resl die Austreibung der Teufel aus den Besessenen im Gebiet der Gerasener. Der Teufel bat den Heiland, in die daneben weidende Schweineherde fahren zu dürfen. Als Bauernmädchen verstand Resl den Schrecken der Hirten, als die Herde dem See zulief, hineinstürzte und für den Besitzer verloren war. Sie erzählte, wie schwer die Tiere in den See plumpsten, die Hirten fortliefen, wie fast die ganze Stadt herauskam und wie sie den Heiland baten, er möge doch ihr Gebiet verlassen.

Resl schaute die Auferweckung des Töchterleins des Jairus.

Sie war entsetzt über den Lärm der Flötenspieler. Noch mehr darüber, daß sie den Heiland auslachten, als er sagte: „Das Mägdlein schläft nur!" Resl beschrieb genau das Haus, die Liegestatt und das Mädchen. Besonders freute sich Resl über das Entsetzen der Flötenspieler, als das Mädchen aufstand.

Resl und ich machten im Krankenhaus Eichstätt Besuch bei Frau Oberin und Schwester Audita. Wir saßen in angeregtem Gespräch beisammen, es ging schon auf 23 Uhr zu. Plötzlich riß es Resl weg. Die Schwestern erschraken, sie wußten nicht, was los sei. Resl schaute die wunderbare Brotvermehrung. Dieses Evangelium trifft zweimal im Jahr. Bei der goßen Brotvermehrung war Resl richtig ein Kind vom Land. Wie jammerte sie über das hohe Gras, das von den Tausenden zertreten wurde und das doch ein so gutes Futter gegeben hätte.

Wir machten einmal Besuch bei Hochw. Herrn Dompfarrer Kraus, der nach seiner Haftentlassung und Stadtverweisung Pfarrer in Buchdorf war. Wir waren schon überm Gehen. Resl verabschiedete sich an der Haustüre von Herrn Pfarrer. Da schaute sie plötzlich den Engelssturz. Es war das Michaelsfest. Anschließend erzählte sie uns darüber. Es sei ein mächtiges Hin- und Hergewoge gewesen, denn Luzifer war Michael an Macht und Größe gleich. Den Sieg konnte man am freudigen Gesicht der Resl miterleben.

Am Palmsonntag durfte ich in ihrem Zimmer der hl. Messe beiwohnen. In der Fastenzeit konnte Resl das Zimmer nicht verlassen. So war es ein großes Entgegenkommen des Regensburger Bischofs, daß er erlaubte, einmal in der Fastenzeit, und zwar am Palmsonntag, die hl. Messe in Resls Zimmer zu feiern. An diesem Tage schaute sie in einer Vision den Einzug in Jerusalem. Auch die Tempelreinigung. Genugtuung war in ihrem Gesicht, als Käufer und Verkäufer hinausgetrieben wurden, auch wie der Heiland die Tische der Geldwechsler umstieß und das Geld auf den Boden rollte. Nah ging es ihr, als die Taubenhändler darankamen. Sogar in der Vision brach ihre Tierliebe durch.

Resl beschrieb auch bis ins Kleinste die Einbalsamierung und die Grablegung Christi. Mit Kräuterbüscheln und Essenzen wurde der ganze Körper in Tücher gewickelt. Das Haupt wurde eigens in ein Tuch gebunden. Resl wollte beim Einwickeln mithelfen. Mit ihren Händen machte sie die ganzen Bewegungen mit. Die Tücher lagen nach der Auferstehung wie eine leere Hülle im Grab. Das Turiner Grabtuch kann das Leintuch gewesen sein, mit dem der Heiland vom Kreuze abgenommen wurde. Auch das schilderte Resl.

Auch Ostern durfte ich einmal in Konnersreuth erleben. Erst machte ich am Ostermorgen um 5 Uhr den schönen Brauch der Konnersreuther Frauen mit, die Kreuze der umliegenden Felder und des Friedhofs zu besuchen und zu verehren. Nach der Frühmesse durfte ich den ganzen Tag bei Resl sein, die an diesem Tag mehrere Visionen hatte.

Eine besondere Liebe hegte sie zu Maria Magdalena. Sie muß sehr schön gewesen sein. Resl begegnete ihr in mehreren Visionen. Nach Resls Erzählung ist sie die Schwester von Martha und Lazarus. Sie ließ sich ihren Erbteil auszahlen und nahm Wohnung auf ihrem Gut Magdala, wo sie ein sehr leichtes Leben führte. Sie war schön gekleidet und geschmückt. Die Fußkettchen klirrten leise beim Gehen. Bei ihrer ersten Begegnung wollte sie nur den schönen, interessanten Mann sehen, von dem die ganze Stadt sprach. Bei Magdalena war es keine plötzliche Bekehrung, wie bei Paulus. Bei ihr war es Liebe, die erst geläutert werden mußte. Sie merkte bald, daß Jesus anders war als die anderen, sie suchte seine Nähe. Ihre Bekehrung war endgültig, als er im Hause des Simon zu ihr sagte: „Deine Sünden sind dir vergeben, geh' hin in Frieden!" Nun gab es für sie keine Furcht und kein Zurück mehr. So sah sie Resl unter dem Kreuze von Blut benetzt und am Ostermorgen als erste zum Grabe eilen. Sie ist gelaufen. Ihr schönes, volles Haar fiel ihr ins Gesicht, so daß sie es immer wieder hinausstrich. Auch Resl machte die gleiche Bewegung mit. Maria kam als erste zum Grab, während die anderen Frauen in einiger Entfernung stehenblieben. Sie fand das Grab leer und lief suchend durch den Garten. Da sah sie einen Mann vor sich, den sie für den Gärtner hielt. Ihn fragte sie: „Wo habt ihr ihn hingelegt?" Dann die Antwort: „Myriam!" Da erkannte auch Resl den Heiland. Ihr Gesicht strahlte. Als erstem Menschen nach seiner Auferstehung erschien Jesus seiner Mutter und zwar auf dem Kalvarienberg.

In einer anderen Vision sah sie die Apostel zum Grabe

eilen. Johannes war als erster dort. Er ging aber nicht ins Grab hinein, sondern wartete auf Petrus.

Am Ostermontag begleitete Resl in einer Schauung die Emmausjünger. Man sah ihr an, wie sie ihren Gesprächen lauschte. Die Veränderung in ihrem Gesicht, als ein Fremder sich dazugesellte, wie sie interessiert mithorchte! Sie machte mit den Händen die Geste des Drängens mit zum Dableiben, als der Fremde weitergehen wollte. Dann plötzlich das Erkennen des Heilandes beim Brotbrechen. Nachher schilderte sie, wie die Jünger ohne auszuruhen zurückgelaufen seien.

Interessant war auch, daß Resl am Pfingstfest Petrus in deutscher Sprache predigen hörte. Resl hat diese Rede wiedergegeben, auch mit den gemachten Handbewegungen. Das Pfingstwunder vollzog sich also auch an ihr.

An großen Festtagen oder bei besonderen Ereignissen hatte Resl schon vor der hl. Kommunion Schauung. Da sah sie nicht die kleine weiße Hostie, sondern den Heiland direkt auf sich zukommen. Dann ging die Hostie ohne Schluckbewegung in sie ein. Es kam vor, daß sie dabei dem Priester förmlich aus der Hand gezogen wurde. Ich habe dies zweimal deutlich beobachten können.

Kurz vor dem Tod von Herrn Professor Wutz geschah es, daß bei einer solchen Vision der Heiland sich umdrehte und Herrn Professor, der Resl die hl. Kommunion reichte, gut anschaute. Resl war darüber erschrocken: „Das Gutanschauen kenne ich, da will der Heiland immer etwas Großes." Prof. Wutz war kurz vorher von einer Kur aus Dietzenbach gekommen, in der er von einem Herzleiden Heilung suchte. Bald nach der Vision von Resl ist er an Herzschlag gestorben.

Resl schaute nicht nur das Leben, Leiden und Sterben Jesu Christi, sondern auch das seiner Mutter und das Leben und Sterben vieler Heiligen. Nach dem Tode Jesu lebte Maria mit Johannes in Ephesus. Gestorben ist sie, nach dem Bericht der Resl, in Jerusalem.

Resl schaute die Steinigung des hl. Stephanus, das Wirken und Sterben der Apostel. Ausführlich schilderte sie den Märtyrertod der hl. Agnes und der hl. Katharina. Den hl. Franziskus sieht sie bei seiner Stigmatisierung und sie schaut seinen Heimgang. So schaute und erlebte Resl das ganze Kirchenjahr mit. Oft fiel mir an ihr auf, daß sie nur ungern, besonders nach schönen Visionen, weiterlebte. Vor dem Tod aber hatte sie eine natürliche Angst, wie jeder andere Mensch auch.

RESL IN DER ÖFFENTLICHEN MEINUNG

Ihre Gegner – ihre Freunde

Wie schon erwähnt, sprach Resl öfters von der schönen Zeit ihrer Krankheit. Wie kann ein Mensch eine Zeit schön nennen, die randvoll ausgefüllt war mit Schmerzen, schwerster Lähmung und Blindheit? Ein Leben jahrelang im Schatten des Todes? Im Vergleich zu dem, was sie nun bis zu ihrem Tode an seelischem Leid zu tragen hatte, konnte sie die Zeit ihrer Krankheit trotz allem schön nennen. Resl und ihre Familie hatten damals wenigstens ihren Frieden und ihre Ehre.

Mit dem Empfang der Wundmale und dem Beginn der Nahrungslosigkeit begann Resls schwerste Leidenszeit. Nicht nur daß ungezählte Menschen zu ihr kamen, sie sehen und sprechen wollten, es durfte auch jeder ungestraft über sie schreiben und reden, was er wollte. In Büchern und Vorträgen ist sie im In- und Ausland auf übelste Weise angegriffen worden. Wohl selten ist mit der Ehre eines unbescholtenen Menschen so leichtfertig und skrupellos umgegangen worden wie bei der Resl. Angefangen von der plumpen Verleumdung einer Illustrierten, die behauptete, Resl habe ein uneheliches Kind von einem Gaukler, mit dem sie lange auf Jahrmärkten aufgetreten sei, bis hin zur kalten Ablehnung durch Wissenschaftler, die, weil sie an ein Wunder nicht glauben wollten und konnten, Resl des Schwindels und des Betruges bezichtigten.

Einige Theologen und Professoren glaubten ihrer Kirche einen Dienst zu erweisen, wenn sie Resl besonders scharf ablehnten und vor Konnersreuth warnten.

1928 machten auch Bischof Dr. Michael Buchberger und

Professor Dr. Martini bei Resl einen Besuch. Die beiden Herren wurden von ihren Eltern nicht erkannt und wurden daher auch wie alle unbekannten Besucher empfangen. Sie kamen zum Freitagsleiden. Als Resl einen Erstikkungsanfall hatte, wollte Professor Martini sie ärztlich betreuen. Er wurde vom Vater der Resl gebeten, sie in Ruhe zu lassen und wurde von ihm zum Gehen aufgefordert. Für beide Herren war das Verhalten der Eltern befremdend. Professor Martini hat sich dann auch skeptisch über Konnersreuth geäußert. Sie kamen mit Mißtrauen und begegneten Mißtrauen. Wie hätte diese Begegnung für beide Teile fruchtbar sein können, wenn sich Vertrauen begegnet wäre! Das Verhältnis von Resl zu ihrem Bischof ist noch ein sehr gutes geworden.

Besonders heftig wurde in dieser Zeit von den Gegnern eine erneute Untersuchung der Resl in einer Klinik gefordert. Wer um den ganzen Kampf weiß und ihn miterlebt hat, kann nur bewundernd vor der aufrechten Haltung des Neumannvater stehen. Er sprach ein mutiges „Nein" zu einer nochmaligen Untersuchung. „Mir fehlt das Vertrauen und der Glaube, euch meine Tochter zur Untersuchung auszuliefern", sagte er zu ihnen. Keine noch so schweren Anschuldigungen und Forderungen konnten ihn umstimmen.

Die meisten ihrer Gegner haben Resl weder gesehen noch gesprochen. Dr. Deutsch z. B. war nie in Konnersreuth, er war einer der schärfsten Gegner. Als Arzt glaubte er alles für Schwindel und Betrug halten zu dürfen, was nicht mit Vernunft und Wissenschaft zu klären ist. In Wort und Schrift äußerte er seine Ansicht oft allzu freimütig, ohne zu bedenken, wie schwer er damit einen unschuldigen Menschen verwundete. Kurz vor seinem Tod hat er, wie berichtet wurde, alle Anschuldigungen gegen Konnersreuth mit Bedauern zurückgenommen.

Die Freunde der Resl schwiegen nicht zu diesen Angriffen. So sind viele Artikel und Bücher zu ihrer Verteidigung geschrieben worden.

Dr. Gerlich verfaßte zwei ausführliche Werke. Freiherr von Aretin, der Resl jahrelang kannte, verteidigte sie in der „Einkehr", einer Beilage der „Münchner Neuesten Nachrichten". Gut verteidigt wurde sie auch, um nur einige aus der

Ihr letzter Besuch in Eichstätt

Resl am Grab ihrer Schwester Ottilie

Ottilie Neumann

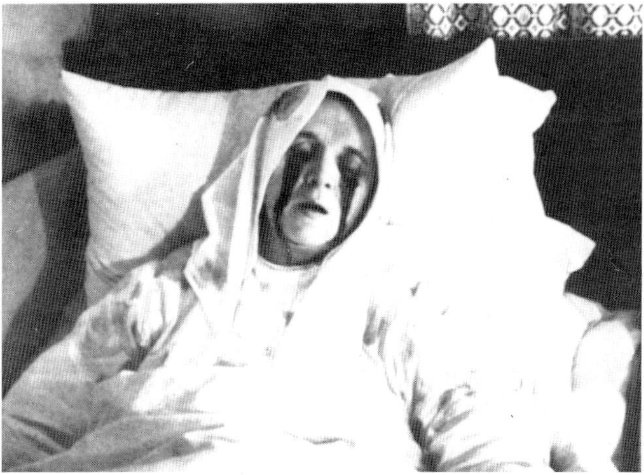

Karfreitags-Leiden

Von links nach rechts: P. Ingbert Naab, Therese Neumann, Prof. Dr. Wutz, Ottilie Neumann

Resl in den letzten Jahren nach der Stigmatisation;
im Hause von Prof. Wutz, Eichstätt

großen Zahl zu nennen, von Sigismund Radecki, Erzbischof Teodorowicz, Lemberg, Dr. Radlo, der sich besonders mit Dr. Deutsch auseinandersetzte. Zu nennen auch noch Dr. Hynek, Prag, Prälat Geiger, Bamberg, Prof. Seitz, München usw. Dr. Lechner und Professor Dr. Mayr, Eichstätt, wandten sich besonders gegen das im Jahre 1950 erschienene Buch der Hilde Graef, in dem die Resl schärfstens angegriffen wurde. Eine deutsche Übersetzung des Buches kam 1953 in den Handel. Hilde Graef war Berlinerin. Sie war Jüdin, konvertierte und wanderte 1936 nach England aus.

Bezeichnend war, daß die Freunde und Verteidiger der Resl auch mit dem Dritten Reich in Konflikt kamen, weil ihnen auch hier die klare Erkenntnis und der Mut zur Verteidigung und zum Widerstand nicht fehlte. Ähnliches ist von ihren Gegnern nicht bekannt. Nun sind sie fast alle in der Ewigkeit, ihre Freunde und ihre Gegner und nun Resl selbst. Ihren Gegnern werden die Augen aufgegangen sein und sie werden erkennen, daß es vieles gibt, was der Verstand allein nicht fassen kann.

Resl hat auch die schwere Heimsuchung der Verkennung tapfer ertragen und ist in ihrer Treue zur Kirche keine Minute wankend geworden. Die Kirche hat ihr diese Treue oft nicht leicht gemacht.

Ein großer Trost war ihr die Hilfe ihrer Freunde, die sich so offen zu ihr bekannten und sie verteidigten. Ich glaube, sie haben es nicht umsonst getan.

Aus ihrem täglichen Leben

Bischöfe und hohe Würdenträger aus aller Herren Länder besuchten sie und baten sie um ihr Gebet. Kardinal Faulhaber zelebrierte in ihrem Zimmer, auf ihrem hübschen kleinen Altar, die hl. Messe. Auch der Hl. Vater ließ sich genauestens über Konnersreuth berichten. „Laßt mir das Kind in Ruhe", sagte er einmal, als er von den Angriffen auf Resl hörte. Große Politiker und Fürstlichkeiten schätzten ihre Freund-

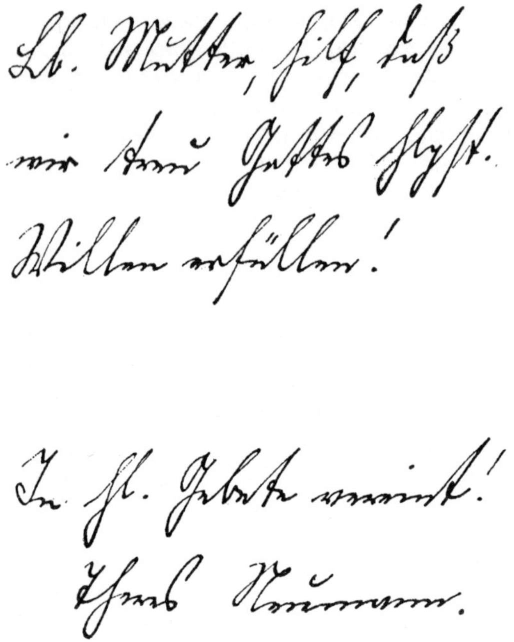
Lb. Mutter, hilf, daß wir dem Gottes hlgst. Willen erfüllen!

Im hl. Gebete vereint! Therese Neumann.

schaft. Ihre schlichten Bildchen, die sie unterschrieb: „Beten wir füreinander", oder „Im heiligen Gebet vereint", sind in Tausenden von Händen, ja sie war mit Tausenden in der Welt vereint und mit Hoch und Nieder in Verbindung. Oft erreichten sie am Tag hundert Briefe von überall her, Resl hat jeden geöffnet. Alle zu beantworten, hätte sie eine Sekretärin gebraucht. Resl hatte auch hier die Gabe, Wichtiges vom Unwichtigen zu unterscheiden. Die Wundmale behinderten sie sehr am Schreiben. Lieber telefonierte sie, noch lieber überraschte sie mit einem Besuch, oft zu später Abendstunde.

Das Vertrauen des Volkes zu Resl und ihrem Gebet war groß. „Resl, vergiß mich nicht im Gebet", wie oft wurde das zu ihr gesagt. Resl war eine große Beterin. Stundenlang kniete sie in der Kapelle im Wutzhaus. Bei ihrer letzten Fahrt nach Weingarten kam sie auch in eine Kirche, in der das Allerheiligste ausgesetzt war. Sie vergaß ihre ganze Umgebung, nach langem Warten mahnte ihre Begleitung sie zum Mitkommen. Resl war so in Gott versunken, daß sie an ein Gehen nicht mehr dachte.

Als sie bei mir im Zimmer nebenan wohnte, hörte ich sie nachts lange leise beten. Besonders nachts war ihre Zeit zum Beten, Schlaf brauchte sie nicht viel.

Sehr schön war für Resl die Zeit, als Professor Wutz noch lebte. In seinem Auto nahm er sie gerne mit, wenn er zu Freunden fuhr. Resl, die nie aus ihrem Dorf herausgekommen war, lernte so die Schönheit der Welt und der Natur kennen. Bis in die Schweiz führten seine Fahrten. Ein paarmal war sie so überwältigt, daß sie in Verzückung kam und die Allmacht Gottes schaute. So geschehen bei der Besichtigung einer Tropfsteinhöhle in der Schweiz und etliche Male bei Sonnenuntergang auf der Fahrt.

Resl verstand auch einen Spaß und lachte herzlich mit, wenn sie hereingelegt wurde. Herr Professor und ihre Brüder gingen in den Film „Der Vogelhändler". Wenn Resl was von Vögeln hörte, war sie da! „Gibt's da Vogerl?" fragte sie Herrn Professor. „Freili Madl, da wirst staunen!" — „Dann geh' ich mit!" So ging Resl mit in den Film „Der Vogelhändler". „Wann kommen denn die Vogerl?", fragte sie während des Spiels Herrn Professor. Als der Vogelhändler mit seinem einzigen Kanari hereinkam, merkte sie, daß man sie hereingelegt hatte. Sie konnte herzlich mitlachen.

Als ich wieder einmal Resl besuchte, war die Zeit der großen Festspiele auf der Luisenburg. Sie nahm mich mit in das Spiel „Das große Welttheater". Es hat ihr sehr gut gefallen. Das Schöne an ihr war, daß sie trotz des Umgangs mit den „Großen" der Welt immer einfach und schlicht blieb. Sie behielt ihre Natürlichkeit und ihren gesunden Humor. Davon eine kleine Kostprobe: Sagte einmal ein zweifelnder Besucher zu ihr: „Die Wundmale haben Sie sich doch so lange eingebildet, bis Sie dieselben bekommen haben!" Darauf Resl schlagfertig: „Freilich, bilden Sie sich fest ein, es wachsen Ihnen Hörner, vielleicht bekommen Sie welche!"

Ihre Freunde und die Angehörigen ihrer Familie waren schwerster Verfolgung ausgesetzt. Ihr Vater und ihre Brüder wurden schwer bedrängt. Wie bangten wir oft um Resl, daß man sie zur Untersuchung zwingt, um sie dann verschwinden zu lassen, wie es im Dritten Reich üblich war. Eigenartig, an Resl wagte sich niemand. Sie verzichtete auf die Lebensmittelkarten, dafür verlangte sie doppelte Seifenkarten. In der Presse ließ man sie sterben. In keiner Zeitung durfte sie mehr erwähnt werden. Man ließ sie in Ruhe. Diese Ruhe hatte Resl nicht zuletzt Hitler selbst zu verdanken. Wir konnten in Erfahrung bringen, daß Hitler die Anweisung gegeben hatte, gegen Resl nicht vorzugehen. Resl kam öfters in offenen Konflikt mit Parteigrößen. Sie verweigerte hartnäckig den Hitlergruß und sparte nicht mit abfälligen Bemerkungen. Als man sie einmal krank zur Wahl holte, wählte sie offen mit nein. Auch Pfarrer Naber hat nie den Hitlergruß gebraucht. Bei Wahlen forderte er die Gläubigen auf, „christlich" zu wählen. So kam es, daß Konnersreuth nur eine oder zwei Stimmen für Hitler zu buchen hatte. Herr Pfarrer bekam Schulverbot. Nur mit Widerwillen hielt sich die untere Parteiführung an die Anweisung Hitlers, Resl in Ruhe zu lassen. Hitler war sehr abergläubisch und war innerlich abhängig von Wahrsagern und Astrologen. Wahrscheinlich flößte ihm das Geheimnisvolle um Resl Furcht ein. Das große Ansehen, das Resl im Ausland genoß, mag mit beigetragen haben, daß sie so gut durch das Dritte Reich kam.

Zu Kriegsende aber mußte Konnersreuth noch den ganzen Haß der Nazis spüren. Der Markt wurde von der SS besetzt und vor der Einnahme durch die Amerikaner von ihr in Brand geschossen. In einem Bunker in der Pfarrscheune verbarg sich Resl mit den Kindern ihrer Geschwister. Auch die Scheune geriet in Brand. Resl konnte sich und die Kinder vor dem Verbrennen retten. Leider aber ist bei dem Brand wertvolles Kirchengut und Aufzeichnungen von Herrn Pfarrer über Resl umgekommen. Nach der Besetzung gaben die Amerikaner Resl militärischen Schutz. Sie waren wie große Kinder und freuten sich über jede Aufnahme, die sie von ihr machen durften. So ungern sich Resl sonst fotographieren ließ, ihnen mußte sie es gewähren. Bis zu ihrem Tode stand sie in freundschaftlicher Beziehung zu vielen von ihnen.

Als wir das Wutzhaus räumten, stießen wir auch auf ein Hitlerbild. In seiner Eitelkeit ließ sich Hitler gern von namhaften Künstlern porträtieren. So auch von dem Künstler Samberger. Dieser schaute im Gesicht Hitlers auch dessen Charakter. So konnte man in seinem Hitlerbild auch die Züge eines Irren und Verbrechers finden. Prof. Wutz fand Gefallen an dem Bild und kaufte es. Er zeigte es oft im Freundeskreis. Es wurde bald nach seinem Erscheinen wieder aus dem Handel gezogen.

Resl war dem Künstler Samberger sehr zugetan. Vor allem liebte sie seine Christusbildchen, die sie unterschrieben, gern an Besucher verteilte.

Resl als Bauherr

Resl war ein sehr frommer und innerlicher Mensch. Sie stand aber auch mit beiden Füßen im Leben. Sie war ungemein fleißig und einen einmal gefaßten Plan verfolgte sie mit großer Zähigkeit und Ausdauer. Da zeigte sich ihr cholerisches Temperament. Daß Fockenfeld wieder Kloster wurde, ist ganz allein der starken Initiative Resls zu verdanken. Fockenfeld, ein großes Gut in der Nähe von Konnersreuth, war ehemals Klosterbesitz. Es wurde bei der Säkularisation enteignet und war seitdem in evangelischen Händen. Der letzte Besitzer war kein begeisterter Landwirt. Er wollte das Gut verkaufen, um eine Fabrik zu erwerben. Ich kann mich noch gut an die einzelnen zähen Verhandlungen erinnern, die Resl mit dem Gutsherrn führte. Durch Eichstätt stand sie in enger Beziehung mit dem Salesianerkloster. Dieses zeigte großes Interesse an Fockenfeld, verfügte aber über kein Bargeld. Der Kaufpreis war günstig. Nun wurde das Gut aber nur gegen bar verkauft. So bat Resl den Fürsten Waldburg-Zeil, das Geld für den Klosterkauf zu leihen. Die Besatzungsmächte hatten sich Besitzungen des Fürsten angeeignet, besonders aus seinen großen Waldbeständen für Millionen Holz geschlagen. Der Fürst versprach Resl zu helfen, sobald er seine Entschädigung von den Besatzungsmächten bekäme. Resl gingen diese Verhandlungen zu langsam, auch hatte sie Angst, daß der ganze Plan scheitern könnte, da auch eine evangelische Gemeinde Interesse an dem Gut zeigte. Sie wollte darum selber zu Mister Werner fahren, dem zuständigen Herrn der amerikanischen Militärverwaltung, und mit ihm verhandeln. Dieser war in Frankfurt stationiert. Resl war damals gerade in Eichstätt. Sie entschloß sich sehr rasch zu dieser Fahrt. Es war aber schon Donnerstag, für Freitag war das Leiden in Aussicht und Samstag war Mister Werner nicht mehr in Frankfurt. Also müßte bis Montag gewartet werden. Nun hatte Resl nur das Ölbergleiden, das am Donnerstag um 23 Uhr begann. Das Freitagleiden blieb aus. So drängte Resl am Freitagfrüh, nach Frankfurt zu fahren. „Der Heiland will es, jetzt bin ich mir sicher", sagte sie.

Ich sehe sie noch, wie sie in einem kleinen unbequemen Wagen wegfuhr. Sie kam so gegen Abend nach Frankfurt. Mister Werner war schon nach Hanau zu seiner Familie gefahren. Resl war todmüde, doch sie kannte kein Zögern. Sofort fuhr sie weiter nach Hanau. Dort wurde sie von Mister Werner sehr herzlich empfangen. Er zeigte sehr großes Interesse und Entgegenkommen für Resls Pläne. Er versprach ihr, die Angelegenheit selbst in die Hände zu nehmen und voranzutreiben. Er hielt Wort. Mit Fürst Waldburg erhielten noch mehrere Grundbesitzer ihre Besatzungsschäden vergütet. Resl hatte ihren Plan durchgekämpft. Der Kauf wurde abgeschlossen. Die ersten Patres und Brüder stellte Eichstätt. Es sind Oblaten des hl. Franz von Sales. Bei der Errichtung des Klosters kannte Resls Gebefreudigkeit keine Grenzen. Heute ist Fockenfeld ein schön ausgebautes Kloster mit großer Landwirtschaft und einer Schule für Spätberufene. Kleriker aus Fockenfeld trugen ihre große Gönnerin zu Grabe.

Konnersreuth ist eine große Pfarrei. Herr Pfarrer wurde schon 85 Jahre. Wo sollte er hin, wenn er resignierte und für seinen Nachfolger den Pfarrhof räumen mußte. Da faßte Resl den Plan, das kleine Elternhaus umzubauen und die Landwirtschaft an den Rand des Dorfes zu verlegen, wo der Familie Neumann ein Grundstück gehörte. Es galt, keine Zeit mehr zu verlieren. Resl brauchte noch ein Stück Land zur Zufahrt. Der angrenzende Besitzer weigerte sich, nur eine Handbreit Boden abzugeben. Er war Junggeselle und schon alt. Resl bettelte ihn und sagte, er könne doch auch nichts mit hinübernehmen. Da bückte er sich, nahm eine Handvoll Erde und sagte: „Schau, Resl, nicht soviel geb ich her!" Doch sie kapitulierte nicht und verstand sich durchzusetzen.

Für Resl gab es nun kein Hindernis mehr. Der Hausbau und der Umbau wurden durchgeführt. Resl war täglich von früh bis spät an der Baustelle. Die Arbeiter liebten sie, obwohl sie tüchtig vorantrieb. Sie knauserte aber auch nicht mit Brotzeiten und Zigaretten. Alles, was zur Familie gehörte, mußte mitarbeiten. Ihre Schwester Ottilie war nun wochenlang von Eichstätt weg, um beim Bau zu helfen. 1959 war es geschafft. Ottilie konnte das Haus noch fertig sehen, sie freute sich, beim baldigen Umzug von Herrn Pfarrer dabei zu sein. Es war ihr nicht mehr vergönnt. Sie starb kurz vorher.

Die Friedhofmauer war alt und verfallen. Resl drängte, daß eine neue gebaut werde. Das ganze Dorf half zusammen. Allen voran natürlich Resl selbst. Mit ihrem Pferdegespann war sie immer unterwegs. Ein Steinmetzmeister, der vor Jahren durch ihre Fürbitte von einer Lähmung geheilt worden war, erstellte ein wundervolles Friedhofkreuz. Er starb ein Jahr vor Resl und hegte den Wunsch, in Konnersreuth, in der Nähe dieses Kreuzes beerdigt zu werden. Dieser Wunsch wurde ihm erfüllt. Etliche Monate nach der Resl starb seine Frau. Auch sie wurde in Konnersreuth beerdigt.

Voller Stolz zeigte mir Resl den schön gerichteten Friedhof, die neue Friedhofmauer und das herrliche Kreuz. Rechts vom Kreuz kommt einmal das Grab von Herrn Pfarrer Naber, so erklärte sie mir, und links davon kommen nebeneinander die Gräber der drei ledigen Schwestern Ottilie, Marie und ich. Ein schöner Platz, sagte ich, doch so schnell möchte ich euch hier nicht besuchen.

Als ich am 16. Juni 1963 zum letztenmal in Konnersreuth war, grub man neben dem Kreuz das dritte Grab. In der Nacht von Samstag auf Sonntag ist auch Marie heimgegangen. Als ich ihr friedliches, fast lächelndes Antlitz betrachtete, war ich mir sicher, auch ihr Leben hat in Gott geendet.

So oft man zu Resl kam, hatte sie neue Pläne zu bauen. Als ich sie im November 1960 besuchte, war sie gerade darüber, in ihrem Garten ein Treibhaus zu bauen. „Weißt, ich brauche auch im Winter schöne Blumen für die Kirche! Warum soll ich mir diese kaufen, wenn ich sie selber ziehen kann."

Wie schon erwähnt, war sie zum Schlusse ihres Lebens erfüllt von dem Gedanken, in Konnersreuth ein Anbetungskloster zu bauen. Ihm galt nun ihr ganzes Sinnen und Trachten. Für diesen Klosterbau machte sie ihre letzte große Reise mit dem 92jährigen Herrn Pfarrer Naber nach Weingarten. Es war eine drängende Unruhe in ihr: „Ich muß anfangen, es eilt!" So sagte sie acht Tage vor ihrem Tode zu mir. Und eines ihrer letzten Worte vor ihrem Tode war: „Ich wäre halt noch gern beim Bau dabei gewesen."

Alle ihre Arbeit war Gottesdienst. Sie brauchte nichts für sich selbst, keine Nahrung und auch in der Kleidung war sie sehr anspruchslos. Wenn sie so schaffte und werkte, hätte man sie für weltlich gesinnt halten können. Ihr Gebet und ihre Arbeit aber hatten missionarischen Charakter. So ihre Arbeit im Garten – sie brauchte die Blumen zum Kirchenschmuck –, ihre Klostergründung in Fockenfeld, ihr Wohnungsbau für Herrn Pfarrer, der Bau der Friedhofmauer, ihre letzte große Klosterplanung – alles tat sie zur größeren Ehre Gottes.

Resl und die Kirche

Die Kirche war zeitlebens Resls liebster Ort. Ihr galt ihre ganze Fürsorge, nichts war ihr zu viel. Sie kümmerte sich um das Putzen und Sauberhalten, sorgte für gute Beleuchtung und vor allem für schönen Altarschmuck. Bis Mitternacht schaffte sie oft in der Kirche. Die Blumen zog sie selbst heran. Mit mancher Großgärtnerei hätte sie konkurrieren können. Ich habe ihr öfters beim Altarschmücken geholfen, denn Müßigsein gab es bei der Resl nicht; aber man konnte ihr nichts schön genug machen, immer wieder wurde umgestellt, bis es ihrem kritischen Blick standhielt. Resl kümmerte sich um die Renovierung der Kirche, um die Teerung des Kirchenplatzes. Als die Anbringung des neuen Kirchturmkreuzes Schwierigkeit machte, setzte sie sich mit den Amerikanern in Verbindung. Mit Hubschraubern wurde dann das Kreuz angebracht. Herr Pfarrer war durch die große Seelsorge und die vielen Fremden überbeansprucht. Er war daher froh, daß ihm Resl die äußere Sorge um die Kirche abnahm.

Den Altarschmuck hielt Resl gern in den Farben des Kirchenfestes. An Marienfesten liebte sie weiße Blumen. Ihre Mai-Altäre waren eine Pracht und wurden viel von Fremden photographiert. An Pfingsten prangte die Kirche in Rot. Das Schönste, was ich gesehen habe, war der Festaltar zum goldenen Priesterjubiläum von Herrn Pfarrer Naber. Nur Blumen in Gelb und Gold hat sie dazu verwendet. Sie besaß im Kirchenschmücken großes Können und hatte feinen Geschmack. An Fronleichnam war das ganze Dorf ein Blumenmeer. Da eiferte alles mit der Resl um die Wette, den schönsten Altar und den schönsten Hausschmuck zu haben. Mit besonderer Liebe schmückte sie den Theresienaltar, die ganze Dankbarkeit und Verehrung zu ihrer liebsten Heiligen brachte sie hier zum Ausdruck.

Hinter dem Hauptaltar stand Resls kleiner Betstuhl. Hier konnte sie ungestört der heiligen Messe beiwohnen, denn sie war hier von neugierigen Blicken geschützt, oft war sie auch durch Visionen bei der heiligen Kommunion entrückt, was in der Kirchenbank zu viel Aufsehen erregt hätte.

Resl und die Kranken

Für die Kranken hatte sie immer Zeit. Wenn jemand im Ort krank war, holte man die Resl. Als vor Jahren weder ein Arzt noch eine Krankenschwester im Ort waren, hatte sie viel zu tun. Vor und nach dem Kriege bekam sie Verbandszeug und Arzneimittel von Amerika geschickt. Sie konnte da viel helfen. Ich war einmal dabei, wie sie einem Mann ein Abszeß behandelte: „Siehst", sagte sie nachher zu mir, „das muß weh tun, der Eiterherd sitzt tief und muß entfernt werden, wie bei der Sünde, die muß auch mit der Wurzel ausgerissen werden."

Alles was sie tat, brachte sie mit der Übernatur in Beziehung. 35 Jahre lang kamen Kranke von überall her zu Resl, suchten Trost und Hilfe bei ihr. Resl hatte für alle ein gutes, mitfühlendes Wort. Sie wußte ja aus eigener Erfahrung, wie schwer Krankheit und Leid den Menschen drücken können. Nur klagte sie in letzter Zeit darüber, daß niemand mehr opfern und leiden will. Wenn Resl zu ihnen sagte: „Ich bet' schon für Sie, daß Sie es in Geduld tragen können", wurde sie fassungslos angeschaut und ihr erwidert, sie solle doch beten, daß die Krankheit, das Leid von ihnen genommen werde. Zum Weitertragen seien sie nicht nach Konnersreuth gekommen. Da blieb Resl eine deutliche Antwort nicht schuldig.

Resl und die Fremden

Das wird wohl das schwerste und schwierigste Kapitel im im Leben der Resl gewesen sein. Nur wer sie sehr gut kannte und auch die Menschen kennt, darf sich hierüber ein Urteil erlauben. Acht Tage vor ihrem Tode haben wir lange über dieses Problem miteinander gesprochen. Die Fremden waren ihr ein großes Anliegen und sie litt sehr darunter, daß sie zu manchen oft kurz sein mußte. „Denn bin ich zu freundlich zu ihnen, bringe ich sie gar nicht mehr an!" Ihr leidenschaftliches Temperament war ihr eine große Hilfe auf ihrem geraden und steilen Weg zu Gott. Im Umgang mit den Menschen bereitete ihr dasselbe oft große Schwierigkeit. Resl war sehr gesellig und alles andere als weltfremd. Leeres Gerede aber liebte sie nicht. „Nur ein paar Minuten", sagen sie, „und dann bring ich die Leute stundenlang nicht mehr los." Ich habe öfters erlebt, wie seelisch und körperlich fertig Resl nach solchen Besuchern war. In dieser Hinsicht wurde sie überfordert. Diesen Egoismus einzelner mußten die anderen büßen, die dann nicht mehr angenommen werden konnten.

Schlimm war für Resl die Urlaubszeit: „Da glauben die Leute, ich sei ein Schaustück.“ Omnibusse mit Reisegesellschaften wurden von ihr grundsätzlich nicht angenommen: „Jetzt haben wir die weite Fahrt gemacht und soviel Geld ausgegeben“, wurde ihr vorgehalten. Da konnte Resl trocken erwidern: „Ich habe euch doch nicht geschrieben, daß ihr kommen sollt.“

Um diese Zeit ging sie gern nach Eichstätt, um auszuweichen. Hier fühlte sie sich geborgen. Es waren eben doch oft zwei Welten, die sich begegneten. Man braucht sich nicht wundern, daß es Zusammenstöße gab. Manche kamen in einer Kleidung zu Resl, die geradezu beleidigend war. Einmal hörte ich sie zu einer Besucherin sagen: „Sie müssen doch recht arm sein?“ Diese darauf verwundert: „Aber, nein, gar nicht!“ Resl antwortete: „Warum laufen Sie dann so nackt herum, wenn Sie doch Geld haben für genügend Stoff, das mag fei der Heiland nicht!“ „Schreiberlinge“ – so nannte Resl Schriftsteller und Journalisten – sie wurden von ihr kühl empfangen, ganz gleich, ob sie gut oder schlecht über sie schreiben wollten. Wenn Resl Wert auf Popularität gelegt hätte, so wie in Büchern ihr vorgeworfen wurde, wäre sie freundlicher mit Vertretern dieses Berufes umgegangen.

Nach schweren Freitags- oder Sühneleiden war sie sehr geschwächt und nervlich überempfindlich. Da war ihr das Annehmen der fremden Besucher ein großes Opfer. Es kam vor, daß auch Gutgesinnte, die in ehrlicher Absicht zur Resl kamen, abgewiesen werden mußten. Manche nahmen ihr dies nicht übel, andere waren verärgert und warfen ihr Mangel an Nächstenliebe vor. Und doch, wie herzlich und warm konnte Resl zu den Menschen sein, wie beglückt und reich sind die meisten von ihr gegangen. Wie viele haben durch sie den Glauben und den inneren Frieden wieder gefunden. Das sagte ich ihr auch: „So vielen hast du schon helfen dürfen, daß es sich lohnt, dein Leben und deine Zeit weiterhin den Mitmenschen zu schenken. Was bedeuten dagegen die paar Gegner! Wir alle, die in der Öffentlichkeit stehen und mit Menschen zu tun haben, stoßen gelegentlich auf Ablehnung. Schau, wir Geschäftsleute werden oft behandelt wie die Zöllner in der Bibel. Wir können auch nicht davonlaufen. Früher", so sagte ich, „habe ich die Einsiedler in der Wüste bewundert, nach 35jähriger Verkäuferinnenzeit beneide ich sie." – So haben wir dieses ernste Gespräch lachend beendet.

Resl und die Kinder

Patin wurde sie im Dorf genannt. Sie hatte selbst fast 30 Nichten und Neffen, die gerne bei ihr weilten. Immer hatte sie etwas dabei für die Kleinen. An Weihnachten war die Bescherung der Kinder bei Resl ein großes Fest. Schon lange vorher sammelte sie dafür kleine Geschenke. Obwohl die Besucher wußten, daß Resl nichts zu Essen brauchte, schenkten sie ihr oft Süßigkeiten und Schokolade. Sie nahm dies dankend an für ihre „Kinder". In einem kleinen Raum neben ihrem Zimmer hatte sie alles verwahrt, damit es die „Großen" nicht erwischten. Eine Nichte der Resl hatte sie deswegen einmal im Unverstand in große Schwierigkeit gebracht. Ein Gegner der Resl hatte das Mädchen geschickt ausgefragt. Wenn Resl in ihrem Zimmer Lebensmittel hatte, war das für ihn ein Beweis gegen ihre Nahrungslosigkeit. Diese Sache hatte damals viel Staub aufgewirbelt. Resl kümmerte sich nicht viel darum. Sie ließ weiterhin die Kinder in ihrem Zimmer spielen und beschenkte sie. Als ich länger bei Resl war, habe ich öfters ihr Zimmer aufgeräumt, in dem die Kinder angebissene Äpfel, Plätzchen oder Zuckerl liegen ließen. Ich glaube, daß kein Fremder, der zur Resl kam, daran Anstoß nahm.

Resl liebte die Tiere

Drei große Fischaquarien hatte sie im Haus, mit großen und kleinen Fischlein verschiedener Arten darin. Davor betrachtend zu stehen war ihr Erholung. Bis zu ihrem Tod hielt sie Tauben. Da konnte sie handeln mit jedem Fachmann. Wenn sie in der Fastenzeit Haus und Zimmer nicht verlassen konnte, leisteten ihre gefiederten Lieblinge ihr Gesellschaft. Als sie gestorben war, fiel mir auf, daß auch das fröhliche Gezwitscher in ihrem Zimmer verstummt war. Es war, als ob auch die Vöglein trauerten. Im Pfarrhof hatte sie den Stall für ihr Pferdchen „Lotte". Sie gab das Pony erst ab, als Herr Pfarrer ins ausgebaute Neumannhaus übersiedelte. Dieses Bild gehörte zu Konnersreuth: Resl auf dem Kutschbock ihres schmucken Wägelchens. Sie fuhr damit aufs Feld, in den Wald und zu den Kranken. Das Gehen war ja für Resl beschwerlich. Oft war das Pferd nicht ausgelastet und daher recht übermütig. Ihre Angehörigen hatten dann Angst, wenn Resl zu schneidig fuhr, doch gerade das machte ihr Spaß. Sie hatte die Zügel fest in der Hand. Ich bin nicht ängstlich und freute mich, wenn ich mit ihr fahren durfte, doch ein paarmal war ich schon froh, als ich absteigen konnte. Im Pfarrhof hielt sie auch Rehböcke. Sie gab dieselben schweren Herzens weg, als sie gefährlich wurden. Mit Katzen hielt sie es nicht.

Die Blumen waren Resls größte Freude

Blumen an allen Fenstern, Blumen in allen Zimmern. Am Haus hatte sie ein kleines Treibhaus voller Blumenstöcke. Fünf Minuten vom Wohnhaus entfernt lag ihr großer Blumengarten. Hier blühte alles, die ersten Sorten, die der Frühling bringt, die letzten bis in den Herbst hinein. In ihrem schmucken Gartenhaus habe ich etliche Visionen der Resl miterleben dürfen. In den Blumen fand sie die Liebe Gottes. Beim Kirchenschmücken erklärte sie mir einmal: „Schau, ich nehme immer gern drei Blumen zusammen in eine Vase vor dem Tabernakel zu Ehren der Heiligsten Dreifaltigkeit. Auch die Blumen sollen Gebet sein."

Resls Mutter

Den starken Unternehmungsgeist hatte Resl von der Mutter. Auch in ihrem Äußeren glich sie ihr, kräftig und untersetzt. Auf ihre Mutter konnte man das Bibelwort anwenden: „Eine starke Frau, wer wird sie finden? Es vertraut auf sie das Herz ihres Mannes. An Großes legt sie ihre Hand. Den Dürftigen streckt sie entgegen ihre Arme." Elf Kindern gab sie das Leben. Sie hat die schwere und außergewöhnliche Aufgabe ihres Lebens auf das Gewissenhafteste erfüllt. Sie besaß einen gesunden Humor, war klug, fromm und fleißig. Ich habe diese Frau sehr geschätzt und geliebt. Bei meinem zehnwöchigen Aufenthalt in ihrem Haus behandelte sie mich wie eines ihrer Kinder. Sie fühlte sich auch für mich verantwortlich. Aus dieser Sorge heraus bin ich auch einmal von ihr geschimpft worden. Sie hielt auf Ordnung in ihrem Haus. Agnes, ihre zwei Brüder und ich fuhren nach Arzberg in die Kirchweih. Wir waren junge Leute, sorglos und lustig und vergaßen aufs frühe Heimgehen. Ferdl hatte sich ein altes Auto ausgeliehen und lag mehr unter demselben als am Steuer. Die Steigung des Berges schaffte das alte Vehikel nicht mehr. So mußten wir zu Fuß nach Hause. Es wurde spät. Das konnte Mutter Neumann zornig machen. Erst als ich ihr den genauen Sachverhalt schilderte, wurde sie versöhnlicher.

Zu Beginn des Zweiten Weltkrieges waren ihre Söhne und Schwiegersöhne im Feld. Frau Neumann mußte wissen, an welchen Frontabschnitten ihre Kinder standen. Mit Stecknadeln hat sie die Orte an der Landkarte, die sie sich kaufte, abgesteckt. Sie wußte über jeden Frontabschnitt genau Bescheid. Ein Parteigenosse hätte die Landkarte nicht betrachten dürfen. Die Front war abgesteckt nach den Meldungen des Auslandssenders, den die Neumann-Mutter regelmäßig hörte.

Als ihr die Partei das Mutterkreuz bringen wollte, sagte sie: „Das brauch ich nicht! Ich habe meine Kinder für den Herrgott gebracht, nicht für Hitler!"

Sie wurde von ihren Kindern sehr geliebt und geachtet. Durch das Außergewöhnliche der Resl hat sie ein sehr schweres Leben gehabt. 35 Jahre mußte sie auch für die Fremden da sein, die zu Tausenden zur Resl wollten und in ihr Haus kamen. Das war ihr oft eine schwere Last und sie litt sehr darunter. Als einmal eine Fremde zu ihr sagte: „Sie Glückliche, solch ein begnadetes Kind zu haben!", hörte ich sie antworten: „Ich weiß nicht, manchmal betracht' ich es als Straf'." Sie war im Umgang mit Fremden schweigsam und zurückhaltend. War aber jemand in Not, konnte er mit ihrer Hilfe rechnen, keiner klopfte vergebens bei ihr an. Resl und Ottilie haben diese Tugend der Nächstenliebe, die sie so sehr auszeichneten, von der Mutter vorgelebt bekommen.

Frau Neumann starb 75jährig am 9. Dezember 1949, von ihren Kindern und Freunden sehr betrauert.

Resls Vater

Herr Neumann war von Beruf Schneider. Daher der Hausname „Schneiderrix"! Der Vater legte, wie mir Ottilie öfters erzählte, viel Wert auf ein schönes Familienleben. Da konnte der stille, wortkarge Mann sehr heiter und gesprächig sein. Von ihrem Vater bekamen die Kinder selten Schläge. Das besorgte die Mutter. Wenn es aber einmal geschah, reichte es für lange Zeit. Zu schneidern und zu flicken hatte er viel, doch die Bezahlung war schlecht. Wenn die Not im Hause groß, das Essen knapp und kein Geld da war, vertröstete er Frau und Kinder: „Wenn nun diese Arbeit abgeliefert wird, dann gibt es schon wieder bessere Tage!" Ottilie erzählte mir, daß sie oft vor den Feiertagen die fertige Ware voll Freude fortgetragen und traurig ohne Geld heimkam, weil die gelieferte Ware nicht bezahlt wurde. Das Geld zu verlangen, galt als Schande. „Braucht niemand von der Not zu wissen", sagten die Eltern. Diese Auffassung hatte die Ottilie noch nach 30 Jahren. So hat mancher große Bauer aufs Zahlen vergessen. Trotz der Not war keine Traurigkeit im Hause Neumann. Sie hatten ein sehr schönes Familienleben. Sonntags mußten die Kinder die Predigt nacherzählen. Wehe, wer nicht aufgepaßt hatte! Da gab es „Holzscheitlknien". Hatte der Vater einmal „Nein" gesagt, dann blieb es dabei. Das mußten auch hohe Persönlichkeiten erfahren, die immer wieder mit einer Untersuchung der Resl an ihn herantraten. Da half kein Zureden und Bitten. Dieses, ich möchte fast sagen sture „Nein" wurde ihm oft übel ausgelegt. Als rechtschaffener Mann litt er sehr darunter, daß man Resl und seine Familie jahrelang des Schwindels und des Betruges bezichtigte. Da konnte er fast grob zu den Fremden werden, die aufdringlich wurden und zu Resl wollten. In seinen letzten Lebensjahren war er oft in Eichstätt zur Erholung. Er fühlte sich hier geborgen, wurde von seiner Tochter Ottilie umsorgt und verwöhnt. Er war im Ort beliebt und geachtet. Seinen Tod, ich habe ihn während seiner letzten Krankheit besucht, nahm er ruhig und gelassen hin. Er starb 1959 im Alter von 86½ Jahren, zu Beginn der Adventszeit.

H. H. Pfarrer Naber

Er war der geistliche Betreuer von Resl. 54 Jahre ist er nun Pfarrer in Konnersreuth, Generationen hat er heranwachsen sehen, war allen Führer und Vater. Hat sie getauft, in der Schule erzogen, getraut und auch beerdigt. Er hat alle ihre Schwächen und Fehler und auch ihre Vorzüge gekannt und verstanden. Im Ort wird er von alt und jung geschätzt, verehrt und geliebt. Ich kenne ihn nun schon seit 30 Jahren und halte ihn für einen Heiligen. Diesem ehrwürdigen Priester eine Unehrlichkeit in Sachen der Resl zuzutrauen, zeugt von schlechter Menschenkenntnis. Wenn er sagt, daß er mit seinem Leben für die Echtheit der Nahrungslosigkeit der Resl bürge, dann ist es ohne Zweifel wahr. Es wurden oft Stim-

Resl als Gast bei der Äbtissin Benedicta von Spiegel

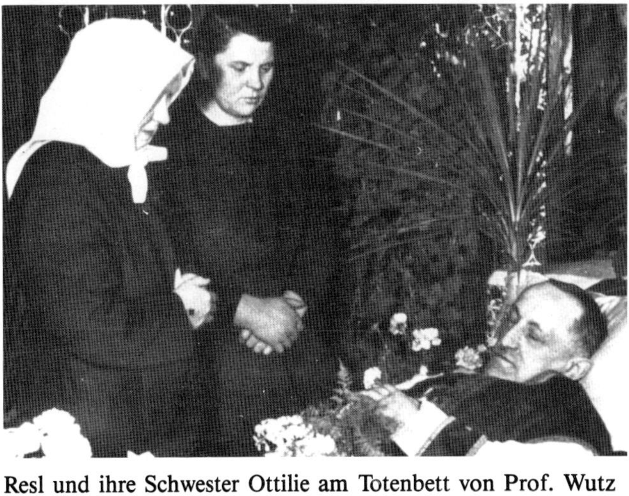

Resl und ihre Schwester Ottilie am Totenbett von Prof. Wutz

Sie liebte die Pferde und die bäuerliche Arbeit

men laut, Herr Pfarrer sei als Seelenführer Resls zu nachgiebig. Wer ihn aber näher kannte, wird eines anderen belehrt. Er duldete von Resl keinen Widerspruch, sie respektierte und gehorchte ihm. Bei seinem letzten Besuch in Eichstätt habe ich beobachtet: Resl hatte in einer geringfügigen Sache Herrn Pfarrer widersprochen. Das duldete er absolut nicht und Resl war sofort still. Man konnte sich in ihm täuschen. Er sieht klein und schwächlich aus. Herr Pfarrer erzählte mir einmal, daß er in jungen Jahren in eine Lebensversicherung gehen wollte, doch auf Grund seiner schwächlichen Gesundheit nicht aufgenommen wurde. Heute zählt er 93 Jahre. In diesem schwachen Körper lebt ein starker, zäher Wille, der es ihm ermöglichte, bis ins hohe Alter hinein Übermenschliches zu leisten. Konnersreuth ist eine große Pfarrei. Zu dieser Arbeit hinzu kam 35 Jahre hindurch der Zustrom ungezählter Fremder, die bei ihm Rat und Hilfe suchten. Stundenlang bis in die Nacht hinein war sein Beichtstuhl belagert. Die vielen Bekehrungen, die im Leidenszimmer der Resl begannen, wurden im Beichtstuhl von Herrn Pfarrer vollendet. Sein Pfarrhof stand zu jeder Zeit allen Hilfesuchenden offen. Das Außergewöhnliche der Resl wurde für ihn eine große Belastung. Letzte Entscheidung in vielen Dingen mußte Herr Pfarrer treffen. Er hat diese schwere Aufgabe bis zum Tod der Resl glänzend gelöst. Vor ungefähr 20 Jahren wurde von Resl, nach einer Vision, vorausgesagt, daß Herr Pfarrer sie überleben werde. Bei seinem letzten Besuch sagte Herr Pfarrer zu Resl: „Wenn ich einmal nicht mehr bin, dann gehst oft nach Eichstätt, hier hast du es schön." Da dachte ich plötzlich an die Voraussagung. Als ich den zarten, durchgeistigten Herrn Pfarrer betrachtete und daneben Resl stehen sah voll Tatkraft und Unternehmungsgeist, zweifelte ich daran. Acht Tage darauf hat sich die Voraussage erfüllt.

Herr Pfarrer ist ein großer Beter. Wenn er allein war, dann traf man ihn betend an. Die vielen, die ihn kennenlernten, sahen in ihm einen zweiten Pfarrer von Ars. Wer ist von diesen beiden Gott näher, so fragte ich mich öfters, Herr Pfarrer oder Resl?

Diese Frage kam mir wieder, als ich ihn am 16. Juni 1963 besuchte. In der Nacht war Maria, die Schwester der Resl, gestorben. Über 35 Jahre führte sie Herrn Pfarrer aufs Gewissenhafteste den Haushalt. Nun ist er mit seinen fast 93 Jahren ganz allein. Wie nah ging ihm vor drei Jahren der Tod von Ottilie. Wie schmerzlich traf ihn der jähe Tod von Resl. Ein dreiviertel Jahr darauf machte er den schweren Gang ins Krankenhaus Waldsassen, um auch Maria aufs Sterben vorzubereiten. Als ich ihm mein Beileid aussprechen wollte, wehrte er ab. Der Heiland hat es so gewollt, wir dürfen nicht klagen. Für ihn gilt nur der Wille Gottes.

„Wie Gott will", das waren auch seine letzten Worte in seiner Todeskrankheit. Am 23. Februar 1967 ist dieses begnadete Leben zu Ende gegangen. Die Sehnsucht nach seinem Heiland, dem er 96 Jahre treu gedient hat, erfüllte seine letzten Stunden. Ein heiliges Sterben krönte dieses heilige Leben, erbauend für alle, die dabei sein durften.

Ausklang

Es galt als ungeschriebenes Gesetz, wer mit Resl in enge Beziehung kam, mußte gewärtig sein, Kreuz und Leiden in reichem Maße zu bekommen. Meine Beobachtungen in 30 Jahren können dies bestätigen.

Kreuz und Leid war daheim in ihrer Familie. Resl sagte oft zu mir: „Fremden kann ich mit meinem Gebet helfen, von meiner Familie und meinen Freunden wird das Kreuz nicht genommen." Gott hat das Gebet der Resl insofern erhört, als er ihnen die Kraft gab, ihr Leid zu tragen. Ich weiß von Kreuz und Leid vieler ihrer Freunde. Ich habe auch erfahren vom tapferen Tragen und frohen Heimgehen zu Gott! Das wiegt schließlich ein hartes Leben auf. Keines möchte das Leid aus seinem Leben missen, wenn alles vorüber ist.

Am 3. September 1946 sind Herr Pfarrer Naber und Resl in Eichstätt in den Dritten Orden des hl. Franziskus aufgenommen worden. In einer schlichten Feierstunde wurden sie in der Hauskapelle des Herrn Professor Wutz eingekleidet. Die Einkleidung nahm Hochw. Herr Provinzial Pater Stanislaus vor. Resl erhielt den Namen Klara. Es bestand schon immer eine enge Beziehung zwischen Konnersreuth und dem Kapuzinerkloster Eichstätt. Seit ihrer Aufnahme in den Dritten Orden fühlte sie sich noch enger damit verbunden.

So ist es nicht verwunderlich, daß der Dritte Orden von Eichstätt am 18. April 1963 zu einer außergewöhnlichen Sitzung zusammenkam. Einmütig wurde beschlossen, an den Bischof von Regensburg die Bitte zu richten, den Seligsprechungsprozeß ihrer Mitschwester Theresia Neumann einzuleiten. Was soll der Orden zögern, wo Gott selbst so Außergewöhnliches in diesem Leben wirkte!

Zu gleicher Stunde weihte Bischof Rudolf Graber am 18. April den Grundstein zum neuen Anbetungskloster in Konnersreuth. Resls Lieblingswunsch und Plan hatte eine rasche Erfüllung gefunden. Mit dem Weizenkorn, das in die Erde fällt und stirbt, um neue Frucht zu bringen, verglich der Bischof in seiner Festansprache den Tod der Resl.

Beten, Leiden, Sühnen kennzeichneten das Leben der Resl. „Resl hat wieder ein Sühneleiden", hieß es, wenn sie stellvertretend Schmerzen, Todesangst oder ein seelisches Leiden eines Sterbenden auf sich genommen hatte. Möge dieser Opfergeist und diese Sühnebereitschaft mit den Karmelitinnen einziehen ins neue Anbetungskloster von Konnersreuth. So wird „ihr" Kloster fortlebendes Zeugnis ihres Lebens sein, in dem sie weiter wirken kann, betend, arbeitend und helfend an Mitmenschen und am Reiche Gottes! Wieviel Segen ist von diesem stillen Dorf Konnersreuth ausgegangen. Schlicht und einfach war dieses Leben, doch Gott hat es gefallen, den Kleinen und Demütigen seine Herrlichkeit zu offenbaren.

Ich habe versucht, in großen Umrissen ein Bild der Resl zu zeichnen. Es ist gegenüber der Wirklichkeit ärmlich ausgefallen. Vieles habe ich vergessen, vieles weiß ich nur mehr ungenau und vieles ist zu persönlich für die Öffentlichkeit. Doch das Wenige, das ich der Vergessenheit entreißen wollte, dürfte genügen, die Persönlichkeit der Resl klarer zu sehen.

Ja, liebe Resl, jetzt bin ich auch ein „Schreiberling" geworden. Sie waren nicht deine Freunde. Doch ich sehe dich vor mir und lächelnd sagen: „Oh, Lausmoidl, was hast denn schon wieder ang'stellt!", so wie ich es zu Lebzeiten so gerne von dir hörte.

Nach sieben Jahren ...

Heute, am 7. Todestag von Therese Neumann, möchte ich die 7. Auflage meiner kleinen Lebensbeschreibung vorbereiten.

Was ist in diesen sieben Jahren in und um Konnersreuth geschehen? Es hat den Anschein, als sei es still geworden um diesen kleinen berühmten Ort knapp an der tschechischen Grenze. Wer aber das Glück hat, dort länger zu verweilen, spürt die große Anziehungskraft, die von Konnersreuth und dem stillen Grab auch heute noch in die weite Welt ausstrahlt. Seit sieben Jahren reißt der Besucherstrom nicht ab. Omnibusse vom In- und Ausland bringen das ganze Jahr über andächtige Beter nach Konnersreuth. Ich war selbst Zeuge, wie eine Gruppe aus München abends ankam, die ganze Nacht im Gebet in der Kapelle des Anbetungsklosters zubrachte und dann das Grab von Resl und Herrn Pfarrer Naber besuchte. Das ganze Jahr über stehen Privatautos vor dem Friedhof und wer die Andacht und das Vertrauen dieser Beter betrachten kann, der weiß, daß Resl weiterleben wird, nicht nur in ihrem Anbetungskloster, das von Konnersreuth nicht mehr wegzudenken ist. Über 40 Danktäfelchen umsäumen ihr Grab. Das sind nur einige öffentliche Beweise ihrer Hilfe. Wie vielen mag sie in diesen sieben Jahren schon geholfen haben? Seelisch vielleicht noch mehr, als körperlich. Auch viele schriftliche Gebetserhörungen sind in Konnersreuth eingegangen, ich habe selbst viele davon gelesen. Wohl keine kann die Kirche als Wunder erklären. Was aber besagt dies? Für den, der mit Vertrauen zur Resl kam und Hilfe erfahren hatte, war es ein besonderer Gnadenerweis. Der von seinen drängenden Wohnungssorgen befreit wurde, war genauso dankbar, als der 80jährige, dem sein gefährdetes Augenlicht erhalten blieb. Der Geistliche, der sein Kehlkopfleiden los wurde und seine Stimme wieder bekam, konnte nicht glücklicher sein, wie die Amerikanerin, deren schwer kranker Mann wieder gesund wurde. Und wer um eine umstrittene Rentensache schon gebangt hat, der weiß, daß ein positiver Bescheid wie ein Wunder wirken kann. Was mag die Frau gelitten haben, deren Mann jahrelang ein Trinker war und nun plötzlich dem Alkohol entsagte! Leid und Freude war in diesem Dankbrief. Auch ein anonymes Dankschreiben war darunter. Ein Mann, der sein Leben durch Selbstmord beenden wollte, schreibt: Durch das Totenbild der Resl in einer Zeitung fand er zum Glauben zurück und hat wieder die Kraft gefunden, sein Leben zu meistern. Was für die meisten Menschen heute nicht einmal mehr ein Anliegen ist, das war für diese Frau ein Geschenk Gottes. Sie schrieb: Wie ihr jähzorniger Mann, der jahrelang nicht mehr beichtete und die ganze Familie tyrannisierte, plötzlich zum Beichten ging und ein guter Vater wurde. Was mag das für eine Sorge gewesen sein für das Bauernhaus, dessen Brunnen ein halbes Jahr versiegt war. Sie legten das Sterbebildchen der Resl auf den Brunnenrand: Schau dir dieses Elend an, du kannst diese Not verstehen. Es stand nicht lange an und sie bekamen reichlich Wasser für Mensch und Vieh. Es ist kein Wunder für den Seligsprechungsprozeß, für diese Leute aber war es ein Wunder, und sie fühlten sich Gott und der Resl zu Dank verpflichtet. So könnte ich aus Dankbriefen noch Seiten füllen. Auch ich durfte in diesem Jahr eine große Hilfe erfahren. Ich litt unter großen Magenschmerzen. Bei der Durchleuchtung war der Magenstumpf (zwei Drittel des Magens wurden früher schon entfernt) ein einziges Geschwür. So sollte nun der ganze Magen herausgenommen und durch ein Stück Darm ersetzt werden. Was lag näher, daß ich meine Sorgen Resl erzählte. Bevor operiert werden sollte, wurde ich nochmals durchleuchtet, es war weder ein Geschwür noch eine Narbe mehr vorhanden. Auch das ist ein Wunder, wenn auch nicht kirchlich untersucht. Ich aber bin sicher, daß mir Resl geholfen hat. Zum Dank für die geschenkte Gesundheit habe ich ihr versprochen, Angriffe, die in einem Buch gegen sie gemacht wurden, zu entkräften.

Das Buch heißt: „Gottes Werk oder Menschen Machwerk", geschrieben von einem Regensburger Theologie-Professor. Ich bin der Annahme, daß er glaubt, Gott und seiner Kirche damit einen Dienst zu erweisen.

Wer aufmerksam in den letzten Jahren katholische Sendungen und theologische Abhandlungen in Funk und Presse verfolgt, der muß mit Erschrecken feststellen, wieviel Glaubensgut aus der Bibel verwässert, umgedeutet, ja sogar geleugnet wird. Sogar an der Auferstehung Christi wird gezweifelt. Sie haben die Kühnheit zu behaupten, daß es ihnen gelungen ist, nun nach 2000 Jahren die echte und richtige Auslegung der Bibel gefunden zu haben. Wenn es so weitergeht, bleibt von dem Gefundenen bald nichts mehr übrig! Für diesen kläglichen Glaubensrest, den uns diese Religionswissenschaftler noch lassen, lohnt es sich freilich nicht, die Opfer eines echten Priesterlebens zu bringen. Kein Wunder, daß gerade aus diesen Kreisen manche ihr Amt verlassen.

Gott sei Dank hat die Irrlehre des Dritten Reiches das Volk kritisch und hellhörig gemacht. Prüft alles, was gut ist, behaltet; diese Mahnung des Apostels Paulus gilt auch für unsere Zeit.

Konnersreuth verträgt sich nicht mit der „modernen Religion". So muß man nachweisen, daß durch Hysterie, Schwindel und Betrug Konnersreuth geschaffen wurde.

In oben genanntem Buch wurde alles zusammengetragen, was je gegen Konnersreuth geschrieben und vor Jahrzehnten schon widerlegt wurde. Daran ist nicht zu rütteln, daß Resl sechs Jahre gelähmt und vier Jahre blind war. Das wissen die Ärzte und die Bewohner des Dorfes. Es ist zu einfach, diese Krankheit als hysterisch zu bezeichnen. Auch ihre Frömmigkeit hat nichts mit Hysterie zu tun. Ich habe erst ein Buch entdeckt von der Kl. hl. Theresia, in das Resl im Jahre 1917, also ein Jahr vor ihrem Unfall, folgende Widmung schrieb:

> Zum Andenken von meinen lieben Schwestern Anna und Maria. Ehrw. Dienerin Gottes, hilf uns, daß wir den lieben Heiland immer mehr lieben, kindlich auf ihn vertrauen und uns ihm ganz überlassen. Um dies bitte ich nicht allein für mich, sondern für alle meine Lieben und für alle Menschen! Dir möchte ich mit der Gnade Gottes nachfolgen.
>
> Theres Neumann
>
> Alles zur Freude des lieben Heilandes. Dezember 1917

Resl war 19 Jahre alt, als sie dies schrieb. Diese unkomplizierte Frömmigkeit behielt sie bis zum Tod. Ich habe Briefe von ihr, die sie 1960–1962 an mich schrieb. Sie sind Ausdruck einer gesunden Frömmigkeit.

Der Verfasser des Buches aber schreibt: Wenn sich in den Briefen wirklich das innere Leben der Therese Neumann am klarsten widerspiegelt, dann findet sich meiner Ansicht nach kaum ein besserer Beweis für die Geisteshaltung einer hysterischen Person!

Ich werde nun einige Kostproben dieser „hysterischen Person" geben. Das Urteil überlasse ich dem Leser. Es sind zwei Briefe, die Resl am Krankenbett ihrer Schwester Ottilie in Eichstätt an Herrn Pfarrer Naber geschrieben hat:

Eichstätt, den 24. April 1959

Lieber Hochwürden Herr Pfarrer!

Vergelts Gott für den so schnellen Brief. Komm soeben an. Schreib hier bei der lb. Ottilie, die mich kaum mehr wegläßt. Sie ist ja körperlich so armselig. Aber seelisch so reif und frisch und gefaßt. Als ich eben herüberkam, war kurz daheim und richtete Herrn Pater Leo fort, der heute die gute Ottilie besuchte, wir besprachen alles mit ihm. Sie sagte zu ihm: Er darf am Grab nichts sagen, er meinte, daß sie auch da Ja sagen soll, dann war sie einverstanden. Auch spricht sie vom Heimgehen, wie wenn sie so irgendeine Arbeit oder eine Reise anfangen will. Alles, gar alles bis ins kleinste bespricht sie mit einer Seelenruhe. Wir können nur staunen! Heute mittag sah sie, daß ich weinte. Aber dies läßt sie nicht zu. Wenn man heim darf, weint man nicht, sie freut sich so darauf. Grad las ich ihr Ihren Brief vor, wo Sie schreiben, daß sie uns helfen soll, wenn wir einmal heimgehen, worauf sie meinte: daß sie uns bestimmt hilft. Ach, lieber Herr Pfarrer, es ist so schön, wenn man sieht, wie gefaßt sie der Ewigkeit entgegengeht. Ich danke dem Heiland für die schönen erbaulichen Stunden bei der Lieben. Gibt einem mehr als Exerzitien. Man wird selber so ruhig. Sitze die längste Zeit still da und bete oder lese. Wie oft sagt sie: Ist der Heiland gut. Die kann unmöglich ins Fegfeuer. War schon bei vielen Sterbenden, aber so schön war es doch nie. Ist so eine heilige, himmlische Stimmung. Heiland, ich danke Dir, daß Du uns eine so edle Schwester gegeben. Sie war doch im Leben immer so verständig und gut und wie man lebt, so stirbt man.

Lieber Herr Pfarrer, ich kann und darf jetzt nicht heim. Soll halt Marie mit den Schwestern den Theresien-Altar richten. Soll Stock halt Primerl bringen, die man dann für den Maialtar nimmt. Wenn Ottilie daheim ist, komm ich sofort. Aber wann, bestimmt der Heiland. Gestern sagt sie: Heut geh ich heim, sie muß halt warten. Ich sag zu ihr: Das Warten gilt als Fegfeuer, worauf sie immer sagt: Ist auch recht. Ja, alles ist ihr recht. Ach, Herr Pfarrer, hätten Ihre Freude an ihr! Sagen Sie allen, Marie, Vater, viel Grüße, Ottilie sagt eben: Sie möchte auch alle herzlich grüßen und ums hl. Gebet und Segen bitten, damit es zum Schluß nicht zu hart wird. Auch ich möchte Ihnen alles Gute wünschen, mit dem schönen Gruß: Der Heiland mit Ihnen!

Resl

Legen Sie sich öfters hin und schonen Sie sich.

Eichstätt, den 27. April 1959

Lieber Hochwürden Herr Pfarrer!

Inzwischen werden Sie meinen Eilbrief erhalten haben und Sie sind im Bild, wie es uns geht. Ja, im ganzen ist alles noch gleich. Ottilie ist geistig sehr frisch, aber leiblich ist sie unheimlich schwach. Bekommt viele Spritzen, sie lächelt so todmüde. Wenn man sie so sieht, muß man ihr gut sein. Wie schön bereitet sie sich auf die Reise vor. Hat große Sehnsucht nach dem Heiland. Und halt auf unsere Mutter freut sie sich. Erst heute mittag sagt sie: Wie sie jetzt aussieht? Ob wir uns kennen? Aber sie muß den Kelch bis zur Neige trinken. Bin sonst die ganze Zeit bei ihr, bete, schlafe im Sessel und schreibe. Von nachts 10 bis 2 geh ich heim ins Bett. Um 8 Uhr geh ich wieder zur hl. Messe. Mittag von ½1 Uhr bis 2 bin ich wieder daheim, da dann Anni vom Geschäft bei ihr ist. Nachts kommt dann die Nachtschwester. Die Geistlichen besuchen sie viel, vor allem die Kapuziner. Gestern ließ man ihr in meiner Abwesenheit ihr Sterbekleid sehen, was sie sehr freute. Sie verbot aber, nichts zu sagen, daß ich nicht weine, dies Greinheinerl, meinte sie. Ich darf nicht weinen, so beten und warten wir ruhig bis der Heiland kommt.

Lieber Herr Pfarrer! Ich denke, daß dieser Tage Konrad heimkommt. Er muß halt dann seinen Stolz dreinsetzen, den Maialtar schön zu machen. Marie und Schwester habens dann leichter. Soll Marie sich nur nicht zuviel abtun. Wäre Ottilie nicht recht. Wenn Ottilie daheim ist, wie sie immer sagt, komme ich gleich. Ottilie sagt eben: Schreib mir auch viele Grüße an Herrn Pfarrer, ich bin ihm fei gut! Diese Tage meinte sie einmal: Man sollte, wenn man heimkommt, mehr mitbringen. Ich erwiderte: Daß sie sich doch nur für andere gemüht. Dann sagte sie das Verslein: Oft habe ich andere froh gemacht und nur an mich zuletzt gedacht, ich diente und mein Lohn war Friede. Dies war immer mein Grundsatz, meinte sie. Ist doch so wahr und schön, Herr Pfarrer, Sie hätten Ihre wahre Freude an ihr. Und nun wünsch ich Ihnen alles Gute mit dem schönen Gruß: Der Heiland mit Ihnen Ihre dankbare Resl

Neun weitere Briefe an mich, könnte ich noch anfügen.

Weiter heißt es in diesem Buch: So viele Briefe wie Therese Neumann werden wenige erhalten haben. So wenige hat aber auch kaum einer beantwortet wie sie. Wenn sie Garten- und Feldarbeit verrichten konnte, um wieviel mehr konnte sie Briefe schreiben.

Da täuscht sich der Autor des Buches ganz gewaltig. Freilich war es nicht möglich, alle Briefe zu beantworten, sie bekam oft Hunderte am Tag. Immerhin aber hat sie von 1951–1962, ihrem Todesjahr, weit über 1 500 Briefe geschrieben. In einem Notizbuch hat Resl alle eingetragen, Name, Ort, Datum. Ich habe dasselbe in Verwahrung.

Aufgeregt hat sich der Verfasser auch über die Fragen und Antworten in der Ekstase. Wenn sich die Sache natürlich so zugetragen hätte, wie er dies in seinem Buch schildert, müßte ich ihm recht geben. Dem war aber nicht so. Ich möchte hier nicht näher auf die umstrittenen Punkte eingehen, ich werde dies an zuständiger Stelle tun. War ich doch vom Anfang bis zum Schluß Zeuge dieser Angelegenheit.

Zur Untersuchung, der sich Resl vom 14. bis 28. Juli 1927 stellte, heißt es in diesem Buch wörtlich:

Die Beobachtung einer Person, die seit Jahren hysterisch war, erfordert Schwestern, die in der Beobachtung und Pflege von Nervenkranken, insbesondere von Hysterischen, große Erfahrungen hatten. Dies aber fehlte den betreffenden Schwestern. Es ist schon schwer, hinter die Ränke einer Hysterischen bei einer Beobachtung in einem gut geleiteten Krankenhaus zu kommen, um so mehr hier unter den ungünstigsten Umständen in Konnersreuth und bei Schwestern, die nicht die genügende Erfahrung besitzen in der Überwachung Neurotischer usw.

Hier wird den Schwestern und den Ärzten ein großes Armutszeugnis ausgestellt!

Nun ist der Verfasser dieses Buches ein Schüler von denselben Professoren, die damals die gleiche Meinung von der Resl hatten und diese in Wort und Schrift kund taten.

1937 war das Hl. Offizium in Rom soweit bearbeitet, daß dieses eine Untersuchung in einer Klinik verlangte. Nun war aber dem Bischof von Eichstätt und seinen Eichstätter Professoren bekannt, wie kurzen Prozeß das Dritte Reich mit oben geschilderten Kranken machte. Sie sahen, wie arglos und naiv Regensburg die Resl in eine Klinik schicken wollte. So betrachteten es die Eichstätter als ihre Pflicht, Resl zu schützen. Wenn dies auch der Autor nicht glauben will, es war doch so. Bischof Konrad Graf von Preysing und Bischof Michael Rackl rieten der Resl, sich nicht untersuchen zu lassen und warnten die Eltern, Resl einer Klinik auszuliefern. Sogar der Apostolische Delegat, Gustav Testa, versicherte in einem Brief an Resl, geschrieben am 20. Januar 1937, bei seinem Freund Monsignore Ottaviani, der Assessor beim Hl. Offizium ist, vorzusprechen, um ihr eine Untersuchung zu ersparen. Was Resl in diesen Jahren mitmachte, schildert sie in einem Brief an eine Bekannte, den ich hier wörtlich bringe:

Konnersreuth, den 4. Januar 1937

Liebe Frau Schiassi!

Ihren lieben Brief mit den Photographien und Ihre Karte vom 30. 12. aus der hl. Stadt erhalten, wofür ich Ihnen „Vergelts Gott" sage. Schon oft, seit Sie da waren, muß ich an Sie denken. Hatte doch vor, mit Ihnen zum Hl. Vater zu gehen, und jetzt ist er so krank. Bete und opfere viel für ihn. Wenn der gute Heiland ihn uns nur noch etliche Jahre gelassen hätte! War er doch immer noch so frisch und rüstig. Und gerade jetzt hätte ich so arg Sehnsucht, zum Hl. Vater zu gehen, um ihm mein Herz auszuschütten. Will nicht klagen, obwohl es furchtbar ist. Ich weiß, wenn es ginge, wenn er gesund wäre, er hätte mir geholfen. Will Ihnen erzählen, was mich so arg drückt. Sie wissen doch, daß ich schon öfters in eine Klinik sollte, obwohl ich nicht krank bin, wohl bin ich oft leidend, aber das trag ich gern dem Heiland zuliebe. Sie wollen mich immer wieder untersuchen, weil man uns nicht glaubt, obwohl wir doch niemand anlügen. Warum denn auch. Daß ich keinen Hunger habe, dafür kann ich doch nichts, und daß ich so schwer zu leiden habe, ist doch auch dem lb. Heiland seine Sache. Was will da die Klinik? Ich sollte doch 1927 schon in eine solche. Vater ließ es aber nicht zu. Er erlaubte eine Beobachtung für ein halbes Jahr im Hause. Das Ordinariat Regensburg ließ mich, nachdem es mit Ärzten beraten, 15 Tage im Hause durch vier Schwestern und zwei Ärzten beobachten und untersuchen. Ich war in der Zeit keine Sekunde allein. Ein kath. Arzt kam in der Zeit oft, sogar des Nachts, und ein protest. Arzt (Professor) untersuchte mich auch. Die Schwestern wurden vereidigt. Für mich waren die 15 Tage nicht leicht, aber ich trug's, weil ich folgen wollte. Zum Vater sagte man damals: Wenn er die Untersuchung zuläßt, daß dann nie mehr eine Untersuchung stattfindet. Vater hielt sein Wort und ließ geschehen, was Regensburg wollte. Aber dort hielt man nicht Wort, sondern will man immer wieder eine neue Untersuchung, was unseren Vater bös macht. Er ist so gut, geht jeden Tag wie die Mutter zur hl. Kommunion.

Und denken Sie nur, liebe Frau Schiassi, durch dieses Hin und Wieder kamen jetzt schreckliche Sachen über uns. Zwei

Herren vom Ordinariat Regensburg kamen mit einem Schreiben von Rom, wo es heißt, daß ich vier Wochen in eine Klinik zur Untersuchung sollte. Unser Hochwürdigster Herr Bischof bestimmt das Krankenhaus. Als ich dies hörte, sagte ich: Ja, da geh ich halt, wenn es sein muß. Und unterschrieb meinen Namen. Freilich ist so etwas nicht leicht. Ich weiß ja nicht, was man alles vor hat. 1927 schrieb das amtliche Verordnungsblatt in Regensburg: Daß die Untersuchung gut durchgeführt wurde, daß sie in einer Klinik auch nicht besser gemacht werden konnte. Weiter heißt es darin, daß somit die naturwissenschaftliche Untersuchung abgeschlossen sei und die theologische beginnen könne. Mein Vater beruft sich darauf und sagt: Die Schwestern haben den Eid geleistet für eine gewissenhafte Untersuchung. Wenn sich dieselben nicht für meineidig erklären, läßt er mich nicht fort. Er sorgt sich halt um mich, wie er es für uns 10 Kinder gewohnt ist. Von vielen Besuchern, darunter auch von höheren Geistlichen und Kirchenfürsten, wurde er in seiner Meinung, mich nicht fortzulassen, bestärkt. Von ärztlicher Seite erlebt er halt auch manches, was ihn abhält, mich aus dem Haus zu lassen. Er hält sich im Gewissen verpflichtet, über uns Kinder zu wachen und für uns zu sorgen.

Liebe Frau Schiassi, jetzt können Sie sich denken, was man da durchmacht. Mir ist ja alles recht, was man mit mir tut. Ich bin mir nichts Unrechtes bewußt. Ich kann ja für alles nichts. Wie gerne wäre ich in die Mission gegangen, wo sich niemand um mich kümmern würde. Sie wissen ja, wie peinlich mir die Besuche waren. Ich tat es wohl dem Heiland zuliebe, um ihm Seelen näher zu bringen, was bis jetzt mein einziges Streben war. Hab doch oft 200—300 Personen angenommen, wo jede etwas auf dem Herzen hatte. Ich bat halt immer den lb. Heiland und er half. Für all diese Seelen opferte ich mein Gebet und mein Leiden auf, damit ihnen der gute Heiland helfen möge. Mehr tat ich nicht. Nur im Interesse des lb. Heilandes und der hl. Kirche arbeitete ich und der lb. Heiland hat oft auffallend geholfen. Sind doch ein ganzer Kreis Seelen in seine Kirche wieder gekommen. Ich kenne viele. Und jetzt soll ich von der Kirche als ungehorsam erklärt werden, und wie die beiden Regensburger Herren drohten, mir meine einzige Freude, die ich auf Erden habe, der lb. Heiland in der hl. Kommunion, genommen werden. Ist dies nicht schrecklich? Lieber will ich blind und lahm jahrelang noch leiden, wenn nur der gute Heiland mir nicht genommen wird. Alles andere ertrag ich mit Hilfe Gottes. Beten Sie doch, daß alles recht wird, so wie es Gottes Wille ist. Habe Sie lange aufgehalten, aber ich meine, Ihnen, wo Sie der hl. Stadt so nahe sind, kann und darf ich alles erzählen. So begreifen Sie auch meinen Wunsch, zum Hl. Vater zu kommen. Ist er doch ein wirklich guter Vater, der ein Herz für seine bedrängten Kinder hat. Aber der lb. Heiland will es halt nicht. Gerne schließ ich, Ihrem Wunsch entsprechend, Ihre lb. Familie und Ihre Lieben alle in mein Gebet und Leiden ein. Mit besten Grüßen und Wünschen für's neue Jahr schließe ich und verbleibe

Ihre dankbare Therese Neumann

Oben vergaß ich zu schreiben, daß das Schreiben von Rom vom Hl. Offizium war, dort weiß man anscheinend nicht, daß ich schon einmal so gründlich untersucht sei. Auch der bekannte Nervenarzt Dr. Wittry untersuchte mich genau und schrieb in einer Broschüre öffentlich sein Ergebnis.

Wenn Herrn Dr. Steiner, Max Rößler, Boniface und mir in diesem Buch vorgeworfen wird, unsere Berichte weichen zu sehr von einander ab und sind deswegen nicht glaubwürdig, möchte ich dazu erklären: Ich habe meinen Bericht 10, 20 und 30 Jahre nach den einzelnen Begebenheiten aus dem Gedächtnis niedergeschrieben. Den anderen wird es nicht anders ergangen sein. Die Berichte in den vier Evangelien stimmen auch nicht überein, denn sie wurden auch 40 und 50 Jahre und noch länger nach Christi Tod geschrieben unter Inspiration des Hl. Geistes, den wir leider nicht hatten. Und wenn fünf eine Predigt hören und dieselbe nacherzählen, gibt es fünf verschiedene Berichte, doch das Wesentliche bleibt. So hatte ich bei dem Auferstehungsbericht S. 61 den Ölberg mit dem Kalvarienberg verwechselt. Richtig war, daß der Heiland als erstem Menschen seiner Mutter erschien, und zwar auf dem Kalvarienberg. So hat der Verfasser des Buches „Gottes Werk oder

Menschen Machwerk" aus einem Josef Naber einen Karl Naber gemacht, da sieht er selbst, wie leicht man etwas verwechseln kann!

Noch manche Vorwürfe in diesem Buch ließen sich klären. Auch der „Dollarstrom", der von Amerika nach Konnersreuth floß, kam in die rechten Bahnen. Die Resl hat ihn nicht verbraucht. Weder für Essen noch für Kleidung, die bekam sie vom Kloster St. Walburg geschneidert. Und ihre Geschwister waren vorher nicht begütert und sind es heute erst recht nicht. Was Resl bekommen hat, gab sie mit vollen Händen wieder her. Für Missionen, Miva, Priesterhilfswerk usw. Quittungen und Belege zeugen davon. Am liebsten aber war ihr, daß sie für den Kirchenschmuck nicht geizen brauchte. Für Blumen hat sie viel Geld verwendet. So konnte sie auch keinen Reichtum vererben. Haus und Garten bekam das Kloster und von dem „Dollarstrom" konnte sie ihren Geschwistern keinen Pfennig vermachen.

Nun, Konnersreuth ist kein Glaubenssatz. Aber ein Schaden für die Kirche, wie der Verfasser meint, ist Resl wirklich nicht. Auch steht die Kirche Konnersreuth nicht ablehnend gegenüber. Sie hat die Gründung des Anbetungsklosters gutgeheißen. Sechs Bischöfe waren bei der Einweihung zugegen. Sie hat das Kloster Fockenfeld angenommen, dessen Stiftung Resl vermittelt hat. Auch wird um Konnersreuth kein Rummel gemacht und werden keine Wallfahrten organisiert, wie dieser Herr befürchtet. Das aber ist sicher, daß Resl die Kirche mehr geliebt und ihr mehr gedient hat, wie die kritischen „Erneuerer", deren Kritik weder bei Bischof und Papst noch vor der Lehre Christi halt macht.

So will ich ohne Bangen auch diese 8. Auflage herausgeben. Zur Ehre der lieben Resl und zur Erbauung des aufmerksamen Lesers.

GEDENKWORTE

zum Heimgang der stigmatisierten Jungfrau

THERESE NEUMANN

gesprochen am 22. September 1962

von H. H. Pfarrer Josef Schuhmann, Konnersreuth

„Meine Seligkeit ist es, Gott nahe zu sein;
Gott ist mein Hort." (Ps. 72, 28)

Mit diesen Worten treten wir vor das offene Grab unserer heimgegangenen Mitschwester Theres Neumann.

Geliebte im Herrn! „Ist es wahr? Ist sie wirklich gestorben? Vielleicht kommt sie doch wieder zu sich; sie war ja schon oft schwerkrank und dem Tode nahe; dann fing das Herz wieder an zu schlagen." So fragten und hofften die Geschwister Neumann, als sie im Leidenszimmer ihrer stigmatisierten Schwester das Sterbelager umstanden. Sie konnten es noch nicht glauben und fassen, daß die liebe Patin, wie sie von allen nahen Verwandten genannt wurde, so rasch, ohne ein Wort des Abschiedes heimgegangen sein sollte. Still betend und gefaßt saß ihr greiser Seelenführer Pfarrer Naber am Sterbebett.

„Ist es wahr? Ist sie wirklich gestorben?" So fragten auch die Nachbarn und die Leute auf der Straße, so fragten die Freunde und Bekannten, die Behörden und Presseorgane in Regensburg und München, als sie schon nach kurzer Zeit die Todesnachricht erfuhren.

In christlicher Liebe und Trauer Versammelte! Es ist schmerzliche Wahrheit. Theres Neumann ist wirklich gestorben. Das

Herz hatte eben aufgehört zu schlagen, als ich ihr die heilige Ölung spendete, das Sakrament der Todesweihe.

Am Vorabend des Festes Kreuz-Erhöhung, also am Donnerstag der vergangenen Woche, war sie zum letztenmal hier in der Pfarrkirche bei der Abendmesse. Sie hat hernach noch das große Kreuz gegenüber der Kanzel mit der eindrucksvollen Darstellung des leidenden Heilandes und der Schmerzensmutter geschmückt. Am darauffolgenden Samstag, dem Fest der Sieben Schmerzen Mariens, stellte sich die Todeskrankheit ein, ein schweres Herzleiden, das nach drei Tagen qualvoller Schmerzen das jähe Ende herbeiführte. Am vergangenen Dienstag um die Mittagszeit legte der Herr über Leben und Tod seine Hand auf sie; er holte sie heim mit den Worten des 44. Psalms: „Du Tochter, höre! Neige Dein Ohr und vernimm, was ich Dir sage: Vergiß der Heimat und des Vaterhauses; denn, siehe, es sehnt sich der König nach Dir, er selbst, Dein Herr und Gott." – Ihre Antwort mag gewesen sein: „Meine Seligkeit ist es, Gott nahe zu sein; Gott ist mein Hort."

Geliebte im Herrn! Viele Bücher sind über das Leben geschrieben worden, das nun vollendet ist. Es kann und soll nicht meine Aufgabe sein, am Grabe unserer Mitschwester ausführlich auf ihren Lebenslauf und auf die damit verbundenen außerordentlichen Ereignisse einzugehen. Nur in kurzen Zügen soll erwähnt werden, was sichtbar geworden ist in ihrem Leben.

Theres Neumann wurde geboren am 8. April 1898 in der letzten Stunde des Karfreitags. Am 10. April, dem darauffolgenden Ostersonntag wurde sie wiedergeboren aus dem Wasser und dem Hl. Geiste und ausgestattet mit göttlichem Leben. – Das heranwachsende Kind Theres war fromm und fleißig; es wurde streng und gut erzogen. Die Verstorbene sprach von ihren Eltern stets mit großer Hochachtung und kindlicher Ehrfurcht. Als ältestes von zehn Kindern lernte sie frühzeitig die Not und den Ernst des Lebens kennen; sie war noch ein Schulkind, als sie bei einem Bauern in den Dienst trat, um das tägliche Brot selber zu verdienen und mit dem geringen Lohn auch noch die kinderreiche Familie zu unterstützen.

Unsere Mitschwester hatte schon damals eine große Liebe zu den Blumen; die Schönheiten der Natur erinnerten sie an den Schöpfer. Ihr Wunsch und Ideal war, Missionsschwester zu werden, sobald sie von den Eltern nicht mehr gebraucht würde. Die Vorsehung hatte es jedoch anders bestimmt.

Im Frühjahr 1918 verunglückte sie schwer, als sie beim Löschen eines Brandes half. Nach längerer ärztlicher Behandlung stellte sich ein langes schweres Siechtum ein. Sie wurde blind, halbtaub, stellenweise lahm; dazu kamen Gefühllosigkeit, Schluckmuskellähmung und viele andere Beschwerden. Für unsere Mitschwester wurde diese Zeit der Prüfung und Heimsuchung zu einer Zeit der Bewährung und Gnade. Unter der Anleitung und geistlichen Führung von Herrn Pfarrer Naber reifte sie heran zur Sühne- und Opferseele. Trotz ihres armseligen Zustandes war sie glücklich und zufrieden. In der Schule des Leidens erlernte sie den Geist der Christusnachfolge, die sich bei ihr in treuester Kreuzesnachfolge bewährte. Ihr einziger Wunsch war, daß durch ihr Leiden Christus verherrlicht werde.

Neben der Muttergottes verehrte sie schon damals die gottselige Schwester Theresia von Lisieux. Als diese am 29. April 1923 selig gesprochen wurde, trat bei unserer schwer leidenden Mitschwester die erste auffallende Heilung ein; sie konnte nach vierjähriger Blindheit plötzlich wieder sehen. Zwei Jahre später, am Tag der Heiligsprechung der kleinen Theresia, trat eine plötzliche Heilung von der Lähmung ein. Nach sechseinhalb Jahren konnte sie wieder aufstehen und umhergehen. Als sich dann nach diesen auffallenden und plötzlichen Heilungen an ihrem Körper die Wundmale Christi zeigten, als an den Freitagen die Leidensekstasen eintraten und als die Geheilte auch keinerlei Nahrung mehr zu sich nahm, wurde Konnersreuth plötzlich berühmt und zum Ziel für Tausende von Besuchern aus aller Welt.

Theres Neumann hat sich nach ihrer Heilung mit viel Liebe den Kranken gewidmet. Bis zum Jahre 1947 war in Konnersreuth noch kein Arzt ansässig und keine Krankenschwester; deswegen hat sie jahrzehntelang die Kranken besucht und gepflegt. Sie hatte dabei ein großes Einfühlungsvermögen, weil sie ja selber jahrelang krank war; und sie hatte ein großes Geschick, Kranke zu behandeln; deshalb kamen auch viele zu ihr ins Haus, wo sie Wunden verband und Arzneien verschenkte.

Mit besonderer Liebe schmückte die Verstorbene ihre Pfarrkirche. Wohl niemand wird je wieder so viel Zeit und Mühe für den Schmuck des Gotteshauses verwenden wie sie. An den Vorabenden von hohen Festen war sie oft um Mitternacht noch nicht fertig damit. Die schönsten Blumen und Rosen aus ihrem herrlichen Garten und aus ihrem Treibhaus kamen jede Woche in die Kirche. – Teure Seele! Ein herzliches Vergelts Gott im Namen der Pfarrgemeinde für alles, was Du getan und geopfert hast für das Gotteshaus und für den Friedhof.

Ein großes Anliegen war der Heimgegangenen die Sorge für den Priester- und Ordensnachwuchs. Nachdem ihr Vorhaben, Missionsschwester zu werden, nicht im Plane der Vorsehung gelegen war, wollte sie anderen dazu verhelfen. Nicht wenige haben auf ihren Rat hin den Priesterberuf oder Ordensstand gewählt. Ihrer Initiative und ihrem unermüdlichen Einsatz ist es zu verdanken, daß Fockenfeld wieder ein Kloster geworden ist. Von der Spätberufenenschule, die unterdessen dort errichtet wurde, wird in den kommenden Jahren und Jahrzehnten viel Segen ausströmen durch alle die Priester, die daraus hervorgehen werden. Die große Wohltäterin des Hauses konnte mit dem Trost sterben, daß sie auch nach ihrem Tod keinen Tag vergessen sein wird. In dankbarer Liebe werden Schüler und Brüder von Fockenfeld ihre sterbliche Hülle zum Friedhof bringen.

Das letzte Vorhaben der Heimgegangenen war die Gründung eines Anbetungsklosters in der Pfarrei. In einem persönlichen Handschreiben hat unser Hochwürdigster Herr Diözesanbischof schon bald nach seiner Ernennung der nunmehr Entschlafenen mitgeteilt, daß er es begrüßen würde, wenn in der Diözese ein Anbetungskloster errichtet würde, in dem täglich für die Anliegen des Bischofs gebetet wird. Theres Neumann griff diese Anregung auf und hatte bereits alle Vorbereitungen getroffen, um diesen Plan zu verwirklichen. Noch in den letzten Wochen hatte sie einen hochherzigen Wohltäter besucht, der seine Unterstützung zusagte.

Als ich mich vor der Abfahrt zu ihm noch längere Zeit mit ihr unterhielt, machte sie ganz beiläufig die Bemerkung: „Der Herr Pfarrer – sie meinte Herrn Pfarrer Naber – der Herr Pfarrer freut sich schon auf die Fahrt; ich kann mich gar nicht

Die Familie Neumann

Im Pfarrgarten zu Konnersreuth

Im Garten der Abtei St. Walburg in Eichstätt

Beim fröhlichen Spiel:
Therese und Äbtissin Benedicta von Spiegel

Fröhlichkeit der »Kinder Gottes«: Pfarrer Naber und Therese

„Ora et labora“: Therese verband das Gebet mit der Arbeit

freuen." Ebenso beiläufig sprach sie damals auch von ihrem Sterben. Es war noch eine eigenartige Fügung, daß sie bei dieser letzten Fahrt mit einer Reihe von hohen Gönnern und hohen geistlichen Würdenträgern zusammentraf; unter ihnen war auch Se. Eminenz Kardinal Augustin Bea. Er hat ihr, wie viele andere Menschen, seine Sorgen mitgeteilt und die Bitte hinzugefügt: „Ich rechne mit Ihrem Gebet."

Neben der Sühne war dies wohl das besondere Wesensmerkmal im Leben unserer Stigmatisierten: Tausende von Kreuzträgern und Leidbeladenen, Menschen mit Kummer und Sorgen haben ihre Anliegen und ihre Not dem Fürbittgebet unserer lieben Mitschwester empfohlen. Es war eben das Vertrauen bei ihnen: Theres Neumann ist ein Mensch, auf den das Psalmwort in besonderem Maße zutrifft: „Meine Seligkeit ist es, Gott nahe zu sein; Gott ist mein Hort." — Die Heimgegangene hat von Kindheit auf viel gebetet für die Lebenden und die Verstorbenen.

Von den zahllosen Besuchern kamen viele mit falschen Vorstellungen und Erwartungen. Ihr Anliegen war vielleicht dieses: „Beten Sie, daß ein Kranker wieder gesund wird." Wenn dann die Verstorbene zur Antwort gab: „Wir wollen miteinander beten um die Kraft, daß Sie Ihr Kreuz gottergeben tragen können aus Liebe zum Heiland", dann gaben manche enttäuscht die Antwort: „Dazu sind wir nicht nach Konnersreuth gekommen, um das zu hören, sondern, damit uns geholfen wird, damit der Kranke wieder gesund wird."

So ist Konnersreuth eine Botschaft geworden für viele: „Tragt Euer tägliches Kreuz als Sühne für Eure Sünden und für Eure lebenden und verstorbenen Mitmenschen! Leidet mit Christus und für Christus, in seiner Gesinnung, in seiner Liebe, in seiner Kraft. Je mehr wir in seiner Gesinnung Anteil nehmen an seinem Leiden, um so mehr werden wir mit ihm verherrlicht werden, wir in ihm und er in uns."

Diese Botschaft entspricht der Mahnung von Fatima, die lautet: „Betet und bringt viele Opfer für die Bekehrung der Sünder!" Diese Botschaft von Konnersreuth entspricht dem Inhalt des Weltrundschreibens, in dem unser Heiliger Vater zur Vorbereitung auf das kommende Ökumenische Konzil zu Gebet und Buße mahnt. Diese Botschaft entspricht auch dem Aufruf unseres Diözesanbischofs, der seit seiner Bischofsweihe immer wieder zum Gebet und zur Sühne einladet, bis ein geschlossener Kreuzzug des Gebetes entsteht.

Geliebte im Herrn! „Meine Seligkeit ist es, Gott nahe zu sein; Gott ist mein Hort." Das war das Leben unserer Mitschwester Theres Neumann. Wir werden sie nun zur letzten Ruhe betten in unmittelbarer Nähe des Friedhofkreuzes, das auf ihre Anregung hin errichtet wurde. Die Erinnerung an ihr Leben und an ihr Grab möge uns allen zur Gnade werden, daß auch wir im Leben unsere Seligkeit in der Nähe des Gekreuzigten suchen; dann wird Gott auch unser Hort, unsere Herrlichkeit sein.

Das Leben unserer Stigmatisierten ist nun vollendet. Ohne einem Urteil der Kirche vorzugreifen, kann gesagt werden, daß Gott sich groß an ihr erwiesen hat. Da wir aber nicht wissen, was sie an Mängeln und Fehlern, an Schwachheiten und Unvollkommenheiten noch abzubüßen hat, wollen wir für sie beten, damit sich nach ihrem Hinscheiden das Wort des Psalmisten schon bald erfüllen möge: „Meine Seligkeit ist es, Gott nahe zu sein, er ist mein Hort, meine Freude in Ewigkeit."

TRAUERANSPRACHE

bei der Beerdigung von

OTTILIE NEUMANN

am 4. Mai 1959 in Konnersreuth

gehalten von H. H. Geistlichen Rat Domprediger
P. Leo Ort OFMCap., Regensburg

In christlicher Trauer Versammelte!
Liebe trauernde Angehörige!

„Wie ist doch das Heimgehen so schön!
Da ist nichts zum Weinen. Das ist Freude."

Dieses herrliche Wort hat unsere teuere Mitschwester, die tugendsame Jungfrau Ottilie Neumann, ungefähr eine Woche vor ihrem Sterben gesprochen. Am vergangenen Herz-Jesu-Freitag, 1. Mai, hat sie kurz nach Mittag nach langer und schwerer, aber mit heroischer Geduld und aus Liebe zum Heiland ertragener Krankheit ihre reine Seele Gott, ihrem Schöpfer und Erlöser, zurückgegeben. Der Guardian des Kapuzinerklosters Eichstätt, der ihr im Sterben den letzten priesterlichen Beistand geleistet hat, hat das Sterbezimmer mit den Worten verlassen: „Das war ein heiliges Sterben!"

Soweit wir Überlebenden die teuere Verstorbene gekannt haben, dürfen wir uns diesem priesterlichen Urteil anschließen. Denn dieses Sterben war vorbereitet durch ein heiligmäßiges Leben. Es war das Leben und Sterben eines jungfräulichen Menschen, der sich selbst zur Opfergabe für Gott und die Menschen gemacht hat.

„Man muß etwas mitbringen, wenn man wohinkommt!" hat sie gesagt. Und sie hat wahrhaft Kostbares in die Ewigkeit mitgebracht:

Die Opfergabe eines jungfräulichen Lebens für Gott.

Ottilie Neumann hat sich bewußt zu einem jungfräulichen Leben in der Welt entschieden, obwohl sie Gelegenheit zur Heirat gehabt hätte. Professor Wutz von Eichstätt, der der Familie Neumann so innig befreundet war, hat sie für sich als Haushälterin erbeten mit der Begründung: „Sie ist etwas so Unverdorbenes und Reines. Die möchte ich haben."

Nur aus ihrer jungfräulichen Lebensauffassung heraus verstehen wir ihr tiefes und reiches religiöses Innenleben. Sie hat den göttlichen Heiland, den Bräutigam jungfräulicher Seelen, zum Mittelpunkt gemacht. Darum war sie täglich bei der heiligen Messe und an der Komunionbank, um sich mit dem eucharistischen Brot und Wein zu stärken, aus dem jungfräuliche Seelen sprießen. Darum hat sie sich in den Dritten Orden des heiligen Franziskus aufnehmen lassen, um sich zum Streben nach Vollkommenheit, nach vollkommener Liebe zu verpflichten. Sie war mit Leib und Seele Tertiarin und die letzten sechs Jahre zugleich Vorsteherin des Dritten Ordens. Zum äußeren Zeichen ihrer Liebe und Treue hat sie sich im Drittordensgewand beerdigen lassen. Aus ihrer jungfräulichen Liebe zum gekreuzigten Heiland verstehen wir auch die bewunderungswürdige Geduld, mit der sie ihr langes und schweres Leiden getragen hat. Wie der göttliche Heiland seine höchste Liebe im Kreuz geoffenbart hat, so hat auch ihre Liebe im Leiden ihre Krönung gefunden.

Wundert es uns, wenn über diesem Grab die Weihe und der reine Duft jungfräulicher Herrlichkeit weht! Hier kommt es uns zum Bewußtsein, was es Köstliches um eine jungfräuliche Seele ist. Mag auch vielen das Verständnis für Jungfräulichkeit verloren gegangen sein, so stehen doch wir in Ehrfurcht vor einem solchen Leben, das auf irdische Liebe verzichtet hat, um ganz dem göttlichen Heiland anzugehören. Möge die Heimgegangene vielen Mädchen Vorbild sein für ein Leben in jungfräulicher Bräutlichkeit, ob in der Welt oder im Kloster. Das ist die Herrlichkeit jungfräulicher Seelen: Sie sind reine, bräutliche Opfergabe für Gott.

Opfergabe eines freudig-dienenden Lebens für die Menschen.

Jeder, der sich Gott weiht, weiht seine Lebenskraft auch den Menschen, um ihnen zu dienen und zu helfen.

Es war ein Charakterzug der heimgegangenen Mitschwester, daß sie immer und überall bereit war, zu helfen und auch geholfen hat, wo sie nur konnte. Von ihrem hochverehrten Heimatpfarrer Naber hat sie den Lebensgrundsatz gelernt:

„Oft hab' ich andere froh gemacht
und stets an mich zuletzt gedacht.
Ich diente, und mein Lohn ist Friede."

Was hat doch diese demütig und selbstlos dienende Seele in ihrem Leben Gutes getan! Wie hat sie sich gesorgt um die alten und kranken Leute, um alle Notleidenden. Nach dem Krieg waren es täglich an die hundert Heimkehrer, die sie verpflegt hat. Wie viele Pakete hat sie in die Ostzone geschickt! Wie viele Geistliche, Studenten und Flüchtlinge hat sie in ihr Haus, das sie verwaltete, aufgenommen! Ihren Garten hat sie für andere angebaut. Sie meinte: „Das Gemüse wird schon jemand essen, der es braucht."

Sie war so wohltätig, daß man ihr den Vorwurf machte: „Sie machen die Leute noch liederlich."

Und das alles hat sie mit ihrer franziskanisch-frohen Seele und in großer selbstloser Liebe getan. Die heilige Elisabeth, deren Namen sie sich als Ordensnamen gewählt hat, war ihr Vorbild in ihrer so umfangreichen Caritasarbeit. „Frau Caritas" war auch der Ehrenname, den man ihr in Eichstätt gegeben hat. Wahrlich, ein reiches und bewunderungswürdiges Leben! Gutsein, helfen, ausgleichen, Frieden stiften: das waren ihre Lebensgrundsätze. Ein millionenfaches „Vergelt's Gott" folgt ihr in Ewigkeit nach.

So bleibt es immer Grundgesetz: Die jungfräulichen Seelen sind durch ihre selbstlos-dienende Liebe der große Segen der Welt. Wie arm wäre doch unsere Welt ohne diese stillen sich opfernden, dienenden Seelen in Kloster und Welt! Wie hilflos wären unsere Kranken, wenn nicht eine Ordensschwester sie pflegen und ihre Schmerzen lindern würde! Wie verlassen wären unsere alten Leute, wenn sich nicht opferfreudige Seelen um sie annehmen würden! Wieviel bittere Not wäre unerträglich ohne sie!

Liebe Trauerversammlung!

In tiefer Ergriffenheit stehen wir hier am Grab eines jungfräulichen Menschen, der für Gott und die Menschen zur Opfergabe geworden ist. Es war der tiefste Sinn ihres Lebens, „sich in Wahrheit und Liebe zu Gott zu verzehren wie eine Kerze in Licht und Glut" (Guardini).

Solches Leben war Vorbereitung für ein Sterben, das sie in voller Bereitschaft, ja mit drängender Sehnsucht, noch mehr, mit heiliger Freude auf sich genommen hat.

„Ich will heimgehen, heim! Ich möchte den Heiland, die Mutter sehen!" Das waren ihre Worte in der letzten Zeit vor dem Sterben. Sie hatte restlos alles vorbereitet: ihr Testament, ihr Sterbekleid, ihr Sterbekreuz, ihr Kommunionkränzlein als Sterbekranz, ihre Kommunionkerze als Sterbekerze. Ja, „solches Heimgehen ist schön! Da ist nichts zum Weinen. Das ist Freude!"

Wir wollen jetzt nach dem Wunsch der lieben Verstorbenen drei Vater unser und Gegrüßt seist du, Maria, beten. Wir wollen sie beten in der Meinung, daß der Heiland, der göttliche Bräutigam jungfräulicher Seelen, ihr entgegenkomme und zu ihr spreche:

> „Komm, du Braut Christi!
> Nimm in Empfang die Krone, die der Herr
> dir bereitet hat in Ewigkeit."

TRAUERANSPRACHE

bei der Beerdigung von

MARIA NEUMANN

gehalten von H. H. Pfarrer Josef Schuhmann, Konnersreuth

Als der hl. Paulus in Rom gefangen war und sein nahes Ende voraussah, schrieb er an die Philipper die Worte: „Christus ist mir Leben, und Sterben ist mir Gewinn" (Phil. 1, 21). So sollte der Christ immer denken und sagen können: Christus ist mir Leben. Die Menschen wollen leben; sie wollen immer und ewig leben. Von diesem ewigen Leben hat Jesus gesprochen, als er das Himmelsbrot, die hl. Eucharistie verheißen hat. Durch sein Sterben am Kreuz hat er uns dieses Leben erworben.

Christus ist mir Leben; Christus ist mir unsterbliches Leben geworden. So würde wohl heute unsere heimgegangene Mitschwester Maria Neumann sagen, wenn sie noch zu uns reden könnte herüber aus der Ewigkeit, in die sie um Mitternacht vom vergangenen Samstag auf Sonntag eingegangen ist, und sicher würde sie hinzufügen: Sterben ist mir Gewinn.

Zum erstenmal ist Christus ihr Leben geworden vor 64 Jahren, als sie wiedergeboren wurde im Sakrament der Taufe. Es ist eine eigenartige Fügung, daß wir sie an ihrem Geburtstag beerdigen müssen. Unsere Mitschwester wurde am 19. Juni 1899 geboren und zwei Tage später am Fest des hl. Aloisius in der Taufe ausgestattet mit göttlichem Leben. Im frommen Elternhaus wurde das zarte Leben der Gotteskindschaft gehütet und gepflegt. Am Weißen Sonntag des Jahres 1910 durfte sie zum erstenmal den Leib des Herrn empfangen. Seit jenem Tage ihrer Ersten hl. Kommunion war der eucharistische Heiland ihr Leben. Sie hat ihn immer wieder empfangen als Seelenspeise, zum letztenmal an ihrem Sterbetag als Wegzehrung. Diese letzte hl. Kommunion empfing sie genauso wie einst die erste aus der Hand ihres Pfarrers, des Geistl. Rates Josef Naber.

Ihr ganzes Leben war erfüllt und geformt vom Opferaltar her. Es war für die Heimgegangene selbstverständlich, daß sie jahrzehntelang Tag für Tag am hl. Meßopfer teilnahm. Die hl. Opferfeier vollendete sich für sie im täglichen Opfermahl, in der Christusbegegnung der hl. Kommunion. Vielleicht ist es nicht ganz zufällig, daß am Hochfest der hl. Eucharistie, am Fronleichnamsfest die Todeskrankheit einsetzte. Wir dürfen das symbolhaft deuten für die stete Verbundenheit mit ihrem himmlischen Bräutigam. Christus war ihr Leben.

Der göttliche Heiland hat einmal gesagt: Ich bin nicht gekommen, mich bedienen zu lassen, sondern um zu dienen. Das war auch das Leben unserer Heimgegangenen. Im Geiste der Christusnachfolge wollte sie das Apostelwort wahrnehmen, das sich unser Diözesanbischof zum Wahlspruch erkoren hat: ‚Dienen in Liebe'. Wie ihre um ein Jahr ältere Schwester Theres war auch sie noch ein Schulkind, als sie beim gleichen Bauern in den Dienst trat, um ihr Brot selber zu verdienen und dazu mit dem geringen Lohn die kinderreiche Familie zu unterstützen. 18 Jahre diente sie ihrem weltlichen Herrn treu und zuverlässig; sie war ehrlich und fleißig, untadelig und froh um ihre Mädchenehre.

Ihre eigentliche Lebensaufgabe begann vor genau 34 Jahren, als sie ihre Stelle als Pfarrhaushälterin bei Pfarrer Naber antrat. Der Beruf einer Pfarrhaushälterin ist ein Opferberuf; er verlangt ideal gesinnte Menschen mit viel Geduld und Selbstlosigkeit. Die Verstorbene war mehr als drei Jahrzehnte lang im Pfarrhof tätig. Tag für Tag vom frühen Morgen bis in die Nacht hinein. Sie leistete ihrem Pfarrherrn treue Martha-Dienste, umsorgte ihn wie einen Vater und erwies ihm alle Ehrfurcht wie dem Heiland selber.

Zu den normalen Aufgaben, die die Verstorbene als Haushälterin zu erfüllen hatte, kamen die vielen Mühen und Opfer hinzu mit all den Menschen, die wegen des mystischen Geschehens mit Pfarrer Naber oder mit der stigmatisierten Schwester Theres sprechen wollten. Jahraus jahrein verging kein Tag und oft kaum eine Stunde, wo sie ungestört arbeiten oder essen konnte. Gott allein weiß, wie oft sie den Weg von der Küche zur Haustüre im Pfarrhof gehen mußte, mit wieviel Tausenden sie gesprochen hat, denen sie einen Besuch bei Pfarrer Naber oder bei der Schwester Theres vermitteln sollte. Darunter waren hohe Kirchenfürsten, Priester und Ordensleute, hochgestellte Persönlichkeiten, gebildete und einfache Menschen. Die Heimgegangene begegnete allen Besuchern zurückhaltend, aber immer freundlich und ruhig. Es mag ihr manchmal nicht leicht gefallen sein, wenn sie Menschen, die weit herkamen und vielleicht schwere Anliegen auf dem Herzen hatten, ein enttäuschendes, aber auch wohl begründetes ‚Nein' sagen mußte.

Unsere Verstorbene hat alle mystischen Ereignisse um ihre Schwester Theres von Anfang an miterlebt. Durch ihr jungfräulich-eheloses Leben waren sie ihr immer in einem innigen Vertrauensverhältnis verbunden. Im vergangenen Herbst ist dann die Stigmatisierte in den Armen der Schwester Maria gestorben. Vielleicht waren dieses bittere Erlebnis und dieser schmerzliche Verlust die Ursache für ihr eigenes frühes Sterben. Nur wenige Monate später begann für sie der Leidensweg einer langen Krankheit, die nun mit dem Tode endete. Wenn sie noch nicht sterben, sondern wieder gesund werden wollte, dann nur aus dem Grund, weil sie ihren guten, hochbetagten Geistl. Rat weiter umsorgen und betreuen wollte. Als ich ihr die hl. Ölung spendete, gestand sie ehrlich: „Ich habe manche Novene gehalten und viel gebetet, daß ich wieder gesund werde." Sie war dann aber auch sogleich bereit und gottergeben, als ich sie auf den Ernst ihrer Krankheit hinwies. In den langen Wochen und Monaten ihrer schmerzvollen Krankheit konnte sie die Armseligkeiten und Schwachheiten ihres Lebens abbüßen. Um Mitternacht vom vergangenen Samstag auf Sonntag aber durfte sie ihre reine Seele aushauchen in der frohen Gewißheit: „Christus ist mir Leben, und Sterben ist mir Gewinn."

Wir haben sie nun an der Seite ihrer beiden Schwestern Ottilie und Theres zur letzten Ruhe gebettet. Die im Leben in schwesterlicher Liebe einander treu verbunden waren und im jungfräulichen Stande Gott dienten, sie sind nun auch im Tode vereint. In der Stunde des Heimgangs konnte jede von ihnen sagen: „Christus ist mir Leben, und Sterben ist mir Gewinn"; denn „kein Auge hat es gesehen, kein Ohr hat es gehört und in keines Menschen Herz ist es gedrungen, was Gott denen bereitet hat, die ihn lieben" (1. Kor. 2, 9).

Weitere empfehlenswerte Bücher:

Fatima Gebetbuch

Erna Schneider

Mit kirchlicher Druckerlaubnis und Empfehlung vom Direktor des Fatima-Apostolates, GR. Pfr. Martin Übelhör. Aus dem Inhalt: Weltweihen und persönliche Weihen (an das Unbefleckte Herz Mariens); Der Herz-Marien-Samstag (versch. Gebete und die Versprechen der Gottesmutter); Litaneien; Rosenkränze (mit guten Betrachtungen); Gebete und Lieder. 176 Seiten, DM 10.—

Die Botschaften der Frau aller Völker

Josef Künzli

Die Botschaften der »Frau aller Völker« bergen viel Hoffnungsvolles. Doch die Menschen müssen das tun, wozu uns die Gottesmutter aufruft, sonst führt der eingeschlagene Weg in den Abgrund. Daher ist die Verbreitung der Botschaft sehr wichtig. Die Botschaften sind auch in englischer, italienischer und holländischer Sprache lieferbar.

224 Seiten, DM 9.80

Eucharistische Erlebnisse

Josef Künzli

Die »Eucharistischen Erlebnisse« bilden die Fortsetzung und den Schlußteil der Botschaften der »Frau aller Völker«. Während der hl. Messe sah die Seherin in eindrucksvollen Visionen Bilder, die die Kirche betreffen und bekam göttliche Weisungen über die Erneuerung der Kirche. Auch in englisch, italienisch, französisch und holländisch lieferbar. 144 Seiten, DM 7.80

Es wird sich mit den Jahren herausstellen

Dr. G. Liesting

Dr. Liesting hat als Theologe diese Einführung zu den »Botschaften der Frau aller Völker« geschrieben. Er war bis zu seinem Tod der Seelenführer der Seherin von Amsterdam. Er hatte dadurch tiefen Einblick in die Botschaften und die näheren Umstände. In diesem Buch gibt er Kommentare zu den einzelnen Botschaften. 216 S., DM 8.80